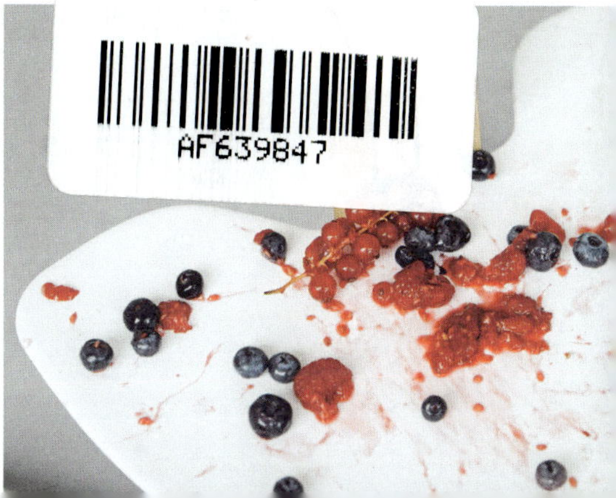

Impressum

Produktmanagement: Britta Bettendorf
Übersetzung aus dem Dänischen: Vera Bahlk
Redaktion: Constanze Lüdicke
Korrektorat: Christiane Gsänger
Satz: Martin Feuerstein, wigel
Umschlaggestaltung: Regina Degenkolbe
Repro: LUDWIG:media
Herstellung: Bettina Schippel

Printed in Slovakia by Neografia

Rezepte & Texte: Nanna Østensgaard, Adam Engel
Fotografie: Chris Tonnesen
Layout: Louise Breyen

★★★★★

Sind Sie mit diesem Titel zufrieden? Dann würden wir uns über Ihre Weiterempfehlung freuen. Erzählen Sie es im Freundeskreis, berichten Sie Ihrem Buchhändler oder bewerten Sie bei Onlinekauf. Und wenn Sie Kritik, Korrekturen, Aktualisierungen haben, freuen wir uns über Ihre Nachricht an: Christian Verlag, Postfach 40 02 09, 80702 München oder per E-Mail an: lektorat@verlagshaus.de.

Unser komplettes Programm finden Sie unter: www.christian-verlag.de

In diesem Buch wird aus Gründen der besseren Lesbarkeit das generische Maskulinum verwendet. Weibliche und anderweitige Geschlechteridentitäten werden dabei ausdrücklich mitgemeint, soweit es für die Aussage erforderlich ist.

Die Deutsche Nationalbibliothek verzeichnet diese Publikation in der Deutschen Nationalbibliografie; detaillierte bibliografische Daten sind im Internet über http://dnb.d-nb.de abrufbar.

Titel der dänischen Originalausgabe: *Spis & gro*

Die deutschsprachige Übersetzung wird von der Christian Verlag GmbH aufgrund Lizenzvereinbarung mit der Gyldendal Group Agency veröffentlicht.

ISBN: 978-3-95961-608-9

DIE GRÜNE

Babyküche

70 Rezepte: gesund, nachhaltig & lecker kochen für die Kleinsten

Adam Engel & Nanna Østensgaard

CHRISTIAN

SPIS & GRO

Inhalt

VORWORT

Die grüne Babyküche

Essen ist nicht nur Nahrung, sondern viel mehr als das. Essen und gemeinsame Mahlzeiten schaffen Gemeinschaft, Liebe, Präsenz, Zusammengehörigkeit, Sozialisation und Bildung. Sie bringen aber auch Herausforderungen mit sich, insbesondere wenn Babys und Kleinkinder essen sollen. Dann kann Essen auch ein Gefühl von Unsicherheit, Unruhe und Frustration bei den Eltern hervorrufen: Bekommt mein Kind die nötigen Nährstoffe und gebe ich meinem Kind die richtigen Erfahrungen rund um das Essen weiter? Mache ich das als Elternteil gut genug?

Die meisten Eltern haben den aufrichtigen Wunsch, ihren Kindern das Beste zu geben, auch wenn es ums Essen geht. Kinder werden durch das Essen, das sie zu Hause bekommen, »geformt«. In den ersten Lebensjahren eines Kindes sollten Eltern daher besonders darauf achten, was es isst, denn in dieser Zeit werden die Grundsteine für die Gesundheit, Gewohnheiten, Geschmackspräferenzen und die Esskultur eines Menschen gelegt.

Sie haben die Möglichkeit, zu Hause eine gute, gesunde Esskultur zu schaffen. Das Essen an sich und das Ritual oder das Zelebrieren von Mahlzeiten können so viel bewirken.

Dieses Buch soll Sie dabei unterstützen: »Die grüne Babyküche« stellt 70 nahrhafte, gesunde Gerichte für Babys vor, von der Einführung des Essens im Alter von 4–5 Monaten bis zum Alter von 1 Jahr, ab dem das Kind das Gleiche essen kann wie der Rest der Familie. Das Buch enthält außerdem Rezepte für die ganze Familie, die auch für das Baby geeignet sind.

Dieses Buch ist für werdende Eltern, frischgebackene Eltern, für Großeltern und für alle anderen gedacht, die ein Interesse an Essen für Kleinkinder haben. »Die grüne Babyküche« enthält neben den Rezepten auch Inspiration und eine Reihe guter Ratschläge zur Vorbereitung und Planung, damit es Tag für Tag – selbst zu stressigen Zeiten – einfacher wird, Ihr Baby mit gutem Essen zu versorgen.
Wir sind zwei Autoren: Nanna Østensgaard, mit einem Hochschulabschluss im Fach integrierte Lebensmittelstudien mit Schwerpunkt menschliche Ernährung. Ich arbeite als Ernährungsberaterin und Beraterin für Babynahrung. Und Kochbuchautor Adam Engel, der über mehrjährige Erfahrung mit Fokus auf traditionelle Kochmethoden und Nachhaltigkeit verfügt. Und so ist »Die grüne Babyküche« eine Kombination aus Tipps und Ratschlägen eines Kochs und einer Gesundheitsspezialistin. Das Buch bietet Informationen über gesunde, nahrhafte und einfache Mahlzeiten für kleine Mägen. Gleichzeitig sind die Rezepte auf Augenhöhe mit den Kleinen und basieren auf nachhaltigen Werten, sodass Nachhaltigkeit bis in die Teller der Kleinen reicht.

Nanna / Ich möchte die Gesundheit von Babys und ihren Essgenuss fördern und das Bewusstsein der Erwachsenen für Rohstoffe, Gesundheit und Nachhaltigkeit stärken. In der frühesten Kindheit werden die Grundsteine für unsere Ernährung, Geschmackspräferenzen und Esskultur gelegt. Daher sollten die Rezepte in »Die grüne Babyküche« nicht nur als Ernährungstipps, sondern auch im Hinblick auf Gesundheit, Sicherheit, Fürsorge und Gemeinschaft gesehen werden.
Als meine Erstgeborene Vilma mit dem Essen anfangen sollte, waren wir sehr verunsichert und machten uns viele Sorgen. Ich hatte mich eigentlich wirklich darauf gefreut, meiner Tochter viele neue Sinnes- und Geschmackseindrücke zu vermitteln. Vilma machte mit, war aber während der vielen ersten Mahlzeiten auch skeptisch. Sie durfte alles probieren. Oft habe ich sie in einen Hochstuhl gesetzt, nur mit einer Windel und einer Schüssel Brei – Haferbrei oder gekochtes Gemüse –, und dann konnte sie anfangen. Das Essen war überall. Vilma war begeistert von den vielen neuen Sinnes- und Geschmackseindrücken, und ich habe den Anblick meiner Tochter mit ihrem von Essen verschmierten Gesicht genossen. Natürlich habe ich dafür gesorgt, dass tatsächlich auch etwas in ihrem Mund landete, indem ich mit dem Löffel ein wenig mitgeholfen habe. Aber inmitten von all dem Spaß war ich auch etwas besorgt, nervös und ungeduldig. Bekam Vilma genug zu essen? War das Essen abwechslungsreich genug? Bekam sie genug Eiweiß, Fett und Kohlenhydrate? Was war mit Fleisch und Fisch? Und war es überhaupt in Ordnung, sie so sitzen und das Essen anfassen zu lassen?
Jetzt haben wir Nummer zwei, Gerda, die Essen liebt und alles isst, was auf den Löffel und in die Hand kommt. Gerda und Vilma haben sehr unterschiedliche Beziehungen zum Essen und Trinken. Meine jüngste Tochter lernt viel, wenn sie ihrer großen Schwester beim Essen, Herumalbern und Reden zuschaut. Unser Rhythmus bei Essenszeiten und Mahlzeiten ist auch völlig anders als damals, als wir nur Vilma hatten. Jetzt muss das Essen jeden Abend zwischen 17.30 und 18.00 Uhr auf dem Tisch stehen – möglichst sogar früher. Es gibt einfach

nicht die gleiche Konzentration und Ruhe im Alltag. Daher kann ich an einer Hand abzählen, wie oft Gerda bisher nur mit einer Windeln bekleidet alle möglichen Gerichte probieren durfte.
Mit meiner Berufserfahrung und als Mutter zweier kleiner Kinder verstehe ich sehr gut, warum frischgebackene Eltern möglicherweise unsicher sind, was ein Baby essen kann und sollte und wann die Zeit für die eine oder andere Kost oder Mahlzeit gekommen ist. Daher habe ich für die »Die grüne Babyküche« viele Fakten gesammelt, aber auch Inspirationen und schöne Fotos zusammengetragen, um daraus ein ansprechendes Nachschlagewerk für den trubeligen Alltag mit kleinen Kindern zu machen.

Adam / Ich koche beruflich und zu Hause. Hugo, mein Ältester, ist 3 Jahre und zu Hause fast immer in der Küche dabei (manchmal sogar, wenn ich beruflich koche). Er hat sein eigenes Kindermesser, mit dem er Gurken schneidet, und er schneidet auch sorgfältig Bananen- und Apfelscheiben für den Morgenbrei. Wenn wir in unserem Sommerhaus sind, können wir einen ganzen Nachmittag auf der Terrasse sitzen und mit Gemüse, Beeren oder Früchten spielen, die wir entweder auf dem benachbarten Bauernhof gekauft oder selbst gepflückt haben. Hugo hat ein richtiges Näschen für perfekt reife Brombeeren entwickelt.
Zu Hause gibt es jedoch nicht nur Spielen und gemeinsames Kochen. Kinder sind manchmal unterzuckert, Kinder sind süchtig nach Routinen und vor allem sind sie ungeduldig. Wenn die Lasagne 30 Minuten im Ofen bleiben muss oder das Hähnchen noch zu heiß zum Essen ist, bricht die Kette und ich stehe schweißgebadet da und muss schnell etwas zu essen herbeizaubern, um ihren Hunger zu stillen. Hier kommen mir meine Jahre als Koch zugute. Ich bin vorbereitet und halte immer bereits vorbereitete Zutaten bereit, auch die für einen Brei. Ich kenne die »langweiligen« Elemente des Kochens und stelle sie im Voraus her, sodass nur noch der »Spaß« übrig bleibt, wenn Hugo auf den Hocker klettert und mithackt oder der Hunger zuschlägt. Techniken und Routinen, die gut funktionieren, wenn man für 100 Hochzeitsgäste kocht, funktionieren auch überraschend gut, wenn Kinder nach Essen rufen (und vielleicht sogar weinen).
Babynahrung wurde bisher meistens auf zuckersüße, kleine Mahlzeiten mit Bananen, Brei oder Nudeln reduziert oder auf Rezepte, bei denen Blaubeeren oder Erdbeeren in Haferbrei empfohlen werden – ganz ohne daran zu denken, dass die Beeren je nach Jahreszeit möglicherweise viele Tausend Kilometer weit transportiert werden müssen. Für mich sind nachhaltige, saisonale und nicht industriell verarbeitete Lebensmittel und Zutaten nicht etwas, das erst ab einem gewissen Alter relevant wird, sondern in dem Moment, in dem die Grundlage für eine persönliche Esskultur geschaffen wird – also mit dem ersten Bissen.

Die Eltern sind die Besten

Eltern eines kleinen, zerbrechlichen Wesens zu werden, das bei einem an die Brust gekuschelt schläft, ist ein großer Meilenstein im Leben. Man entdeckt jedoch schnell, dass Elternschaft auch schwierig und kompliziert sein kann. Was ist, wenn das Kind nicht schlafen oder nicht essen will, und hat es genug Kleidung an? Frischgebackene Eltern haben nicht Antworten auf alles und müssen sie erst im Laufe der Zeit finden. Eltern sind jedoch nie allein, denn alle anderen haben ebenfalls ihre Meinung zur richtigen Art der Kindererziehung. Es gibt so viele Antworten und Lösungen, wie es Eltern und Kinder gibt.
Unser Rat ist: Glauben Sie daran, dass Sie als Eltern es am besten wissen. Sie merken am allerbesten, wenn Ihr Baby hungrig, müde oder durstig ist, auch wenn Sie manchmal keine Ahnung haben, was das Kleine gerade in diesem Moment will. Und glauben Sie an Ihr kleines Kind, das den Mund öffnet, Vertrauen zeigt und den Mut hat, viele verschiedene Dinge zu probieren. Wenn Sie sich – wie die Rezepte im Buch hier – auch an die Empfehlungen der Wissenschaftler für Babynahrung und die offiziellen staatlichen Ernährungsempfehlungen halten, die alle auf wissenschaftlicher Grundlage beruhen, kann es nicht ganz schiefgehen.

So verwenden Sie die Rezepte

Die Rezepte im Buch sind Grundrezepte, d. h., sie können so angewandt werden, wie sie sind, oder mit anderen als den darin genannten Zutaten. Nehmen Sie ruhig, was Sie bereits zu Hause haben, damit Sie nicht jedes Mal, wenn das Kleine etwas zu essen braucht, neu einkaufen müssen. In den Rezepten ist angegeben, welche alternativen Zutaten Sie verwenden können.
Die meisten Zutaten für die Rezepte im Buch sind ökologisch, biodynamisch oder nachhaltig zertifiziert (beispielsweise Fisch mit MSC-Siegel). Darüber hinaus wurde mit wenigen Ausnahmen nur Fleisch von zertifizierten Produzenten verwendet. Neben der Vermeidung von Pestizidrückständen, das Hormonsystem schädigenden chemischen Stoffen und Wachstumssubstanzen werden die Rohstoffe in einer als nachhaltig zertifizierten Produktion angebaut, geerntet und verarbeitet. Natürlich entscheiden Sie selbst, was Ihr Kind essen soll. Aber wir geben Ihnen das gerne als Leitfaden an die Hand. Auch wir selbst legen in unseren Familien beim Kochen Wert auf frische Zutaten und wählen sorgfältig wenige, aber hochwertige Rohstoffe und Zutaten aus.
Die Rezepte in diesem Buch sind für die ganze Familie adaptiert. So gibt es beispielsweise welche für Hähnchen-, Fisch- und vegetarische Frikadellen, die von allen, unabhängig vom Alter gegessen werden können, wenn sie mit Kartoffeln und Salat ergänzt werden. Viele der Gerichte basieren außerdem auf Gemüse, das man gar nicht oft genug auf den Teller bringen kann, sowohl auf den von Erwachsenen als auch von Kindern bzw. Babys!

Es ist sehr wichtig, so viele verschiedene Gemüsesorten wie möglich anzubieten, damit sich die Kinder an Gemüse gewöhnen und Geschmackspräferenzen dafür entwickeln. Das Verlangen nach Süßem, Fett und dem Umami von Fleisch kommt dagegen ganz von alleine.
»Die grüne Babyküche« ist in 4 Altersgruppen unterteilt: 4–5 Monate, 6–8 Monate, 9–12 Monate und 1 Jahr+. Jede Altersgruppe hat ein eigenes Kapitel, das Rezepte für das Kind in dem angegebenen Alter enthält. Wann das Kind anfängt zu essen und wie schnell sein Essverhalten sich entwickelt, ist sehr individuell. Es ist daher sehr wichtig, dass Sie je nach Entwicklungsstufe Ihres Kindes kochen. Die Rezepte sind so konzipiert, dass das Baby mit kleinen Häppchen beginnen kann, wenn es etwa 4–5 Monate ist, und im Alter von 6 Monaten bereits Übergangskost bekommen kann.
Die Rezepte für das Baby im Alter von 6–8 Monaten können auch für Babys verwendet werden, die erst mit 6 Monaten mit dem Essen beginnen, ebenso wie für Babys, die bereits mit 4–5 Monaten damit angefangen haben. Darüber hinaus gibt es in diesem Buch Gerichte für die ganze Familie, damit alle so schnell wie möglich gemeinsam und die gleichen Gerichte essen können – das trägt zur Freude am Essen und zur Gemeinschaft bei. Wir haben zudem darauf geachtet, dass Sie für die Familienrezepte nicht allzu viele Töpfe, Pfannen etc. extra für die Babykost brauchen, denn das Essen für die Kleinen soll ein natürliches Element beim Kochen für die Großen sein. Und Sie können die Rezepte frei kombinieren und sowohl als Inspiration wie auch als Werkzeug verwenden.
Wir wünschen uns und Ihnen, dass Ihnen mit all dem die »Die grüne Babyküche« dabei hilft, den Grundstein für eine gesunde und positive Esskultur für Ihr Kind und die ganze Familie und die Freude am Essen zu legen.

Nanna Østensgaard & Adam Engel, Kopenhagen 2020

Von der Milch zum Essen

In den ersten 4–6 Monaten des Lebens eines Kindes empfiehlt bei uns in Dänemark wie in vielen anderen Ländern die Gesundheitsbehörde Muttermilch oder Säuglingsanfangsnahrung als beste Nahrung für den Säugling. Muttermilch hat die richtige Zusammensetzung leicht aufnehmbarer Nährstoffe. Wenn das Baby ausreichend Muttermilch bekommt, wird sein Bedarf an Energie und Nährstoffen gedeckt. Es gibt jedoch eine Ausnahme: Vitamin D, das ab 2 Wochen bis zum Alter von 2 Jahren als Ergänzung zugeführt werden sollte.[1, 2]

Direkt nach der Geburt des Kindes enthält die allererste Muttermilch, das Kolostrum, einen wesentlich höheren Nährstoffgehalt als die nachfolgende Muttermilch. Daher ist es besonders gut, wenn der Säugling in den ersten Tagen nach der Geburt gestillt wird, selbst wenn nur wenig Kolostrum vorhanden ist. Die Menge an Kolostrum variiert von Frau zu Frau. Aber grundsätzlich ist sie gering, daher verliert das Baby normalerweise in der ersten Woche nach der Geburt an Gewicht – dennoch ist das Kolostrum wichtig.

Durch das Stillen erhält das Baby ausreichend Energie, Vitamine und Mineralstoffe. Neben der idealen Zusammensetzung von Energie und Nährstoffen liefert Muttermilch Antikörper, Hormone und Enzyme, die kurz- und langfristig der Babygesundheit zugute kommen.[3] Die dänische Gesundheitsbehörde empfiehlt, Babys bis zum Alter von 6 Monaten ausschließlich zu stillen, also Muttermilch als einzige Nahrung, und von bis zu 12 Monaten, wenn möglich länger, teilweise zu stillen. Die WHO empfiehlt das Stillen bis zum Alter von 2 Jahren.[4]

Säuglinge, die nicht gestillt werden, sollten Säuglingsanfangsnahrung erhalten. Diese ist an den Nährstoffbedarf des Babys von der Geburt bis zum Alter von 6 Monaten angepasst. Ein Säugling, der mit Säuglingsanfangsnahrung gefüttert wird, braucht jedoch auch einen Vitamin D-Zuschuss.

Die Ernährung der Mutter spiegelt sich in gewissem Maße in der Zusammensetzung der Fettsäuren, Vitamine und Mineralstoffe in der Milch wider. Zudem ist der Energiebedarf der Frau während des Stillens etwas höher. Denken Sie daher daran, dass Sie als Mutter genügend und hochwertiges Essen benötigen, speziell in den ersten Wochen, in denen Sie mit dem Stillen beginnen. Auch danach sollten Sie auf Ihre Ernährung und ausreichend Flüssigkeitszufuhr achten, solange Sie stillen.[5] Essen Sie nach der Geburt, wenn die Muttermilchproduktion richtig in Gang kommen soll, gesund und abwechslungsreich. Aber es ist in Ordnung,

auch einmal ein Stück Kuchen oder Schokolade zu essen – Sie haben ja gerade entbunden und zudem jede Menge zu tun, etwas Extraenergie kann also nicht schaden.
Essen Sie also zwar gesund, aber fühlen Sie sich nicht schlecht, wenn Sie nach der Entbindung Appetit auf Süßes und Fetthaltiges haben.
Grundsätzlich ist der Nährstoffgehalt in der Muttermilch ohnehin von Frau zu Frau und während des Stillens unterschiedlich. Der Kohlenhydratgehalt ist zwar relativ konstant, aber der Fettgehalt in der Milch variiert von durchschnittlich 2,4 % im ersten Schluck bis 5,3 % im letzten Schluck, kurz bevor die Brust leer ist. Die letzte Milch ist am fettesten. Daher ist es wichtig, sich genügend Zeit zum Stillen zu nehmen, damit das Kind auch die fette Milch erhält. Eine Stillberaterin kann Ihnen Ratschläge zum Stillen geben.[6]
Eine systematische Auswertung der wissenschaftlichen Literatur zum Zusammenhang zwischen Stillen und Gesundheit zeigt, dass gestillte Kinder besser vor Infektionskrankheiten von Magen, Darm, Atemwegen und Mittelohr geschützt sind. Stillen verringert auch das Risiko für ein späteres Übergewicht und Diabetes. Ein weiterer Zusammenhang besteht zwischen Stillen und hohem IQ.[7, 8]
Studien zeigen außerdem, dass Kinder, die mit Säuglingsanfangsnahrung gefüttert werden, nicht ganz so offen für neue Geschmackseindrücke sind wie gestillte Kinder. Dies liegt daran, dass das gestillte Baby durch die Muttermilch bereits viele verschiedene Geschmackseindrücke bekommen hat, da die Aromen der Nahrung, die die Mutter aufgenommen hat, in den Stunden nach der Mahlzeit in geringer Konzentration in der Muttermilch enthalten sind. Muttermilch variiert daher im Geschmack.[9]

Muttermilch und Säuglingsanfangsnahrung

Muttermilch und Säuglingsanfangsnahrung sind mindestens bis zum Alter von 1 Jahr ein wichtiger Bestandteil der Ernährung des Babys. Die Menge hängt vom Alter des Babys ab und davon, ob das Stillen oder die Flasche für Mutter und Kind funktionieren.[10]
Bei uns in Dänemark empfiehlt die Gesundheitsbehörde, besonders in der ersten Phase, in der das Kind an Essen gewöhnt wird – vom 4.–8. Monat –, zwischen den Mahlzeiten zu stillen bzw. die Flasche zu geben. Muttermilch oder Säuglingsanfangsnahrung wird empfohlen, bis das Baby mit der ersten festeren Nahrung zurechtkommt. Dann reduzieren Sie langsam das Stillen und ersetzen die Milch durch mehr und mehr feste Nahrung.
Die Menge der Milch hängt davon ab, wie viel das Baby isst, und ist im Alter von 6–12 Monaten immer noch ein wichtiger Bestandteil der Säuglingskost. Für das Alter von 9 Monaten empfiehlt die dänische Gesundheitsbehörde, dass die Gesamtmilchmenge, einschließlich Muttermilch, Säuglingsanfangsnahrung und Sauermilchprodukte, 0,75 l pro Tag nicht überschreiten sollte. Für das Alter von 1 Jahr sollte die tägliche Milchmenge auf 350–500 ml pro Tag reduziert werden, damit die Milch nicht den Appetit auf feste Nahrung beeinträchtigt.

Es ist wichtig, dass im Magen des Babys Platz für eine abwechslungsreiche Kost ist, um den Bedarf an verschiedenen Vitaminen und Mineralstoffen zu decken. Bei der Zubereitung von Brei und Püree können Sie Säuglingsanfangsnahrung oder Muttermilch hinzufügen. Beide verdicken den Brei und geben dem Kind den süßen und fettigen Geschmack, den es kennt. Außerdem liefern sie zusätzliche Energie und Nährstoffe. Vermeiden Sie aber, dies jedes Mal zu tun, wenn Sie Püree oder Brei für das Baby zubereiten, da es sich auch an andere Geschmacksrichtungen gewöhnen soll. Sie können Säuglingsanfangsnahrung oder Muttermilch beispielsweise in den Morgenbrei geben, der vielleicht sowieso ein wenig süß ist, wenn Sie ihn mit Banane oder Ähnlichem machen.

Es ist jedoch nicht erforderlich, Muttermilch oder Säuglingsanfangsnahrung der Babykost hinzuzufügen, wenn das Stillen und/oder die Flasche gut funktionieren. Sie können das selbst einschätzen oder sich im Zweifelsfall an eine Stillberaterin oder einen Arzt wenden. Ob Sie zusätzliche Muttermilch oder Säuglingsanfangsnahrung verwenden, hängt stark davon ab, ob das Baby sich gut entwickelt und an Gewicht zunimmt.

Kuhmilch und Sauermilchprodukte

Die Gesundheitsbehörde bei uns in Dänemark empfiehlt, dem Säugling im Alter von 6–9 Monaten ausschließlich Muttermilch oder Säuglingsanfangsnahrung zu trinken zu geben und Kuhmilch nur im Essen zu verwenden.[11] Wenn das Kind etwa 9–12 Monate alt ist, sollte ihm immer noch keine Kuhmilch zu trinken gegeben werden, aber jetzt kann es maximal 50 ml Sauermilchprodukte, wie Joghurt, Buttermilch oder Dickmilch, pro Tag erhalten. Begrenzen Sie jedoch die Menge an Sauermilchprodukten mit Geschmack, da diese in der Regel einen hohen Zuckergehalt haben. Bis zum Alter von 1 Jahr kann die Menge an Sauermilchprodukten schrittweise auf 100 ml erhöht werden. Ab 1 Jahr dann kann die Gesamtmenge an Kuhmilch und Sauermilchprodukten etwa 350–500 ml betragen. Ab demselben Zeitpunkt, also im Alter von etwa 1 Jahr, kann Kuhmilch in der Tasse angeboten und können weiterhin teilentrahmte Sauermilchprodukte gegessen werden.

Für Kinder unter 2 Jahren werden im Allgemeinen keine Sauermilchprodukte mit einem hohen Proteingehalt, wie Skyr, Quark und Hüttenkäse, empfohlen, um die Nierenfunktion des Kindes nicht durch zu viel Eiweiß zu belasten. Kuhmilch hat einen relativ hohen Proteingehalt und einen niedrigeren Eisengehalt. Daher wird sie bis zum Alter von 1 Jahr nicht als Getränk empfohlen.[12]

Auch andere Lebensmittel wie Hähnchenfleisch, Linsen, Quinoa und Edamame-Bohnen enthalten relativ viel Eiweiß. Von ihnen wird aber nicht abgeraten, da sie im Vergleich zu Kuhmilch nur in geringen Mengen konsumiert werden. Darüber hinaus sind diese Lebensmittel wichtige Quellen für gute Nährstoffe, die das Baby benötigt.

Wenn ein Kind mit dem Essen beginnt

Wenn das Kleinkind mit der Aufnahme fester Nahrung beginnt, ist es wichtig, auf die Zusammensetzung der Kost zu achten, damit es sich gut entwickelt. Im ersten Lebensjahr verdreifacht das Kind normalerweise sein Gewicht und das Gehirn wächst. Daher besteht in dieser Zeit ein hoher Bedarf an energiedichten Nahrungsmitteln und an Nährstoffen. Der Körper benötigt Energie, um zu wachsen und die Funktionen des Organismus aufrechtzuerhalten. Diese Energie kommt von den Makronährstoffen Eiweiß, Fett und Kohlenhydrate.

EMPFOHLENE ENERGIEVERTEILUNG VON EIWEISS, FETT UND KOHLENHYDRATEN

	6–11 Monate	**12–23 Monate**
Eiweiß	7–15 %	10–15 %
Fett	30–45 %	30–40 %
Kohlenhydrate	45–60 %	45–60 %

Eiweiß ist in Fleisch, Milch, Eiern, Linsen, Bohnen, Fisch, Getreide und Gemüse enthalten.

Fett gibt es in verschiedenen Arten und sollte variiert werden. Fett wird in gesättigte und ungesättigte Fette unterteilt:

Gesättigte Fette kommen vor allem in Milchprodukten, Kokos und Fleisch vor.
Ungesättigte Fette sind hauptsächlich: Omega 3, Omega 6 und Omega 9.
Omega-3-Fettsäuren sind in Fischen wie Makrele, Hering und Kabeljau enthalten.
Darüber hinaus sind auch Avocados reich an Omega-3-Fettsäuren.
Omega-6-Fettsäuren sind in Traubenkern-, Mais- und Sonnenblumenöl enthalten.
Darüber hinaus sind auch Avocado und Nüsse reich an Omega-6-Fettsäuren.
Omega-9-Fettsäuren kommen vor allem in Olivenöl und Rapsöl vor.

Kohlenhydrate sind u. a. in Reis, Kartoffeln, Grütze, Getreide, Nudeln, Zucker und Fruchtzucker enthalten.

Vitamine und Mineralstoffe sind ebenfalls wichtig, tragen aber nicht zur Energieversorgung des kleinen Körpers bei, sondern sorgen dafür, dass dieser die benötigten Nährstoffe erhält.

Geschmackssinn und Geschmackspräferenzen des Kindes

Der Fötus kann im Mutterleib kleine Geschmacksnuancen der Nahrung schmecken, die die Mutter isst. Das Baby lernt Geschmack und Geruch aus den Essgewohnheiten der Mutter kennen.[13] Dann, wenn das Baby geboren ist und anfängt, am Essen zu lutschen und später daran zu kauen, unterscheidet seine Zunge zwischen den 5 verschiedenen Grundgeschmäcken: sauer, süß, salzig, bitter und umami – dem Geschmack von Brühe, Fisch oder Fleisch –, selbst wenn die Aromen in einem Gericht vermischt sind.[14]

Zu essen und sich an Essen zu gewöhnen ist ein Lernprozess, weil wir mit Geschmackspräferenzen auf die Welt kommen: Das Neugeborene hat eine Vorliebe für süßen und fetten Geschmack, für den Umami-Geschmack und teilweise für salzigen Geschmack. Die Fähigkeit andere Geschmäcke und Düfte wahrzunehmen, muss erworben werden. Dies bedeutet, dass Kinder das Essen lernen müssen, genauso wie das Krabbeln und das Laufen.[15]

Glücklicherweise hat die Natur es so klug eingerichtet, dass der erste Geschmack, dem ein Neugeborenes begegnet, die süße Muttermilch ist. Dieser süße Geschmack ist lecker für das Baby, macht ihm Lust darauf, mehr zu trinken, und sorgt dafür, das sich das Kind wohlfühlt. Säuglingsanfangsnahrung hat genau den gleichen süßen Geschmack, den das Baby bevorzugt und aus den ersten Erfahrungen mit dem Kolostrum aus der Brust der Mutter kennt. Aber die Geschmackspräferenz für Süßes kann eine Herausforderung sein.[16]

In prähistorischen Zeiten brauchte der Mensch die Energie aus Zucker. Heute ist Zucker jedoch zu einem Problem geworden, weil viele unserer Lebensmittel oft zu viel Zucker – und damit zu viel Energie – enthalten.

Achten Sie daher bei Mahlzeiten für das Kind auf unterschiedliche Geschmacksrichtungen. Es ist wichtig, ihm schon von den ersten Löffeln Brei und Püree an etwas anderes als den süßen Geschmack anzubieten. Das Baby bildet seine Geschmackspräferenzen im ersten Lebensjahr aus, sodass es bereits dann lernen sollte, dass Essen unterschiedlich schmeckt. Aber gehen Sie langsam vor. In den ersten Wochen, wenn das Kind Kostproben erhält, muss sich auch der kleine Magen erst an das Essen gewöhnen. Bieten Sie am besten einige Tage lang das Gleiche an, und wechseln Sie danach langsam ab. Je mehr Geschmackseindrücke und Variation in den Mahlzeiten das Baby während der Übergangszeit von Milch zu fester Nahrung erhält, desto größer ist die Wahrscheinlichkeit, dass es später neue Lebensmittel annimmt und sich auch als Erwachsener abwechslungsreich ernährt.[17]

Mahlzeiten, Essenszubereitung und Esskultur

Die Mahlzeiten sind für viele Familien der Zeitpunkt, zu dem sich alle Familienmitglieder versammeln und über die Ereignisse des Tages sprechen.[18] Sie sind auch eine gute Gelegenheit, um Routinen für das Kind zu entwickeln.[19] Viele stellen fest, dass Routinen eine ganz neue Bedeutung erhalten, wenn sie Eltern geworden sind. Routinen bringen Sicherheit für das Kind, da es dann weiß, was der Tag bringt, und seine innere Uhr automatisch entsprechend ausrichtet. Wenn Sie etwa um 7.30–8.00 Uhr frühstücken, um 11.30–12.00 Uhr mittagessen und um 17.30–18.00 Uhr zu Abend essen, wird sich der Hunger des Kindes entsprechend entwickeln. Eines Tages, wenn das Kind älter ist, werden Sie vielleicht feststellen, dass es sich um die Essenszeit fast von selbst an den Tisch setzt. Allerdings ist jedes anders, und nicht alle Kinder werden dies tun. Denken Sie auch daran, dem Kind je nach Alter neben den 3 regulären Hauptmahlzeiten Zwischenmahlzeiten, die Brust oder die Flasche anzubieten.

Eine Mahlzeit ist ein Gemeinschaftserlebnis, zu dem auch das Kind gehören möchte. Wenn das Kind sieht, dass Sie essen, laden Sie automatisch dazu ein, dass Eltern und Kinder gemeinsame Mahlzeiten einnehmen, und das Kind bekommt Lust zu essen.[20] Versuchen Sie daher, eine gute Stimmung bei Tisch zu schaffen. Das Kind wird von Stimmungen beeinflusst. Wenn am Tisch eine positive Atmosphäre herrscht, hat es Lust zu essen, ist neugierig und bleibt am Tisch sitzen. Umgekehrt ist es, wenn die Stimmung schlecht ist. Schaffen Sie daher eine angenehme Atmosphäre, beispielsweise indem Sie sich ganz locker über die Erlebnisse des Tages unterhalten und darüber, wie das Gericht riecht und schmeckt. Vermeiden Sie dagegen, zu viel darüber zu reden, wie das Kind isst. Es sollte sich beim Essen und bei seinem Geschmackserlebnis nicht überwacht fühlen.

Jede Familie hat ihre eigenen Lieblingsgerichte. Das Essen ist ein Ausdruck dafür, wer wir sind, woher wir kommen und was man seinen Kindern mitgeben möchte. Jede Familie hat da ihre eigene Esskultur. Und ein Kind wird von derjenigen seiner Familie beeinflusst.[21]

Gute Gewohnheiten werden früh im Leben geschaffen, daher ist besonders wichtig, mit gesunden Gewohnheiten zu beginnen. Das Baby ist darauf angewiesen, dass sein Nährstoffbedarf gedeckt und es gesund, abwechslungsreich sowie energiedicht ernährt wird. Ihr Kind mit Essen vertraut zu machen ist daher für viele eine Gelegenheit, die Esskultur und Essgewohnheiten ihrer Familie genauer zu betrachten. Sich darüber Gedanken zu machen, wie man Rezepte so gestaltet, dass sie sowohl für die Kleinen als auch die Großen passen, kann positive Auswirkungen für alle Familienmitglieder haben. Die Erwachsenen könnten gemüsereicher und gesünder essen, indem sie Elemente von Kindergerichten mit einbauen, die ja oft auf Püree aus ballaststoffreichem Gemüse basieren. Ebenso können Kinder von den Kostproben profitieren, die Sie ihnen von dem Essen der Erwachsenen geben. Das können Kräuter oder starke Aromen wie Curry sein, die einem Kind völlig neue Geschmackswelten eröffnen.

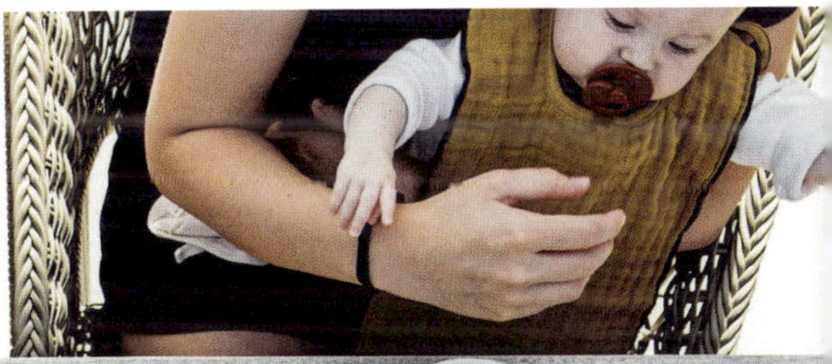

In unserem Teil der Welt geht es beim Essen nicht nur darum, seinen Bedarf an Energie und Nährstoffen zu decken. Es ist auch ein Bildungsprojekt, bei dem das Interesse des Kindes am Essen und sein Bewusstsein für Lebensmittel und Zutaten gestärkt werden können. Das Projekt kann auch darin bestehen, im Kind den Wunsch zu erwecken, gemeinsam mit den Eltern Mahlzeiten zuzubereiten. Dem Kind kann damit auch Mut zu neuen Geschmackseindrücken oder der Spaß am Essen beigebracht werden. Studien zeigen, dass die Beziehung des Kindes zum Essen am besten durch seine Einbeziehung in das Kochen und die gemeinsamen Mahlzeiten beeinflusst werden kann.[22]

Die Beteiligung dabei muss nicht nur am Schneidbrett erfolgen. Sie kann auch einfach darin bestehen, einen Maiskolben zu schälen, den Müll in die richtigen Müllsäcke zu sortieren oder den Tisch mit Besteck und Gläsern zu decken. Das alles trägt dazu bei, dass die Kleinen beim Essen ein Gefühl des Mitmachens bekommen, und sie sich mehr engagieren. Das kann eine positive Erfahrung für die Kinder sein, die das Essen und die Mahlzeiten als mehr als nur die Aufnahme von Nahrung erleben.

Kinder und Salz / Wir werden damit geboren, den süßen, den fetten und den Umami-Geschmack zu bevorzugen und sauren und bitteren abzulehnen. Die Geschmackspräferenzen ändern sich jedoch schnell.[23] Schon im Alter von etwa 4 Monaten bekommt das Baby mehr Lust auf Salziges.

Viele Kinder und Erwachsene in den westlichen Ländern konsumieren zu viel Salz. Tatsächlich nehmen 9 von 10 Erwachsenen zu viel Salz auf. Die offiziellen Empfehlungen sind 5–6 g Salz täglich. Aber Männer konsumieren täglich 9–11 g Salz, Frauen 7–8 g Salz. Eine übermäßige Salzaufnahme beeinträchtigt die Gesundheit und kann zu Bluthochdruck und Herz-Kreislauf-Erkrankungen führen.

Bei Säuglingen sind die Nieren noch nicht vollständig entwickelt und können das Salz nicht ausscheiden. Daher sollten Kinder unter 1–2 Jahren kein Salz im Essen erhalten.[24] Helfen Sie Ihrem Kind, indem Sie es nicht an Salz gewöhnen und damit der Entwicklung einer Vorliebe für den salzigen Geschmack vorbeugen.[25] Wenn Sie beispielsweise beim Kochen von Gemüse und Nudeln etwas Salz in das Kochwasser geben (siehe *Salz* im Baby-Lexikon, Seite 182), ist es jedoch nicht nötig, das Gleiche noch mal extra für das Baby ohne Salz zu kochen. Ein wenig Salz ist wichtig für den Körper, da es hilft, den Flüssigkeitshaushalt und die Durchblutung zu regulieren. Sie brauchen jedoch keine Angst zu haben, dass Ihr Kind nicht genügend Salz erhält, da Fertigprodukte wie Brot und Aufschnitt häufig Salz enthalten.

Geduld

Die Reaktionen des Kindes auf das Essen ändern sich, je mehr Geschmacksrichtungen es probiert hat und sich sein Geschmackssinn entwickelt. Einige Kinder akzeptieren einen neuen Geschmack bereits schon, nachdem sie nur zwei- bis dreimal gekostet haben, einige wiederum nicht. Daher sollten Sie, wenn Sie Essen mit einem Löffel anbieten und das Kind das gleiche Essen dreimal abgelehnt hat, diesen Geschmackseindruck einige Wochen ruhen lassen und es später erneut versuchen, da sich das Kind langsam an den neuen Geschmack, die unterschiedlichen Texturen und Düfte gewöhnen muss.

Es gibt günstige Zeitfenster, in denen das Kind mit neuen Geschmacksrichtungen vertraut gemacht werden kann – bis zum Alter von 1 ½ bis 2 Jahren nämlich, wenn das Kind beginnt, eigene Geschmackspräferenzen und Essgewohnheiten zu entwickeln und daher nicht so offen für neue Geschmacksrichtungen und Lebensmittel ist.[26]

Lassen Sie Ihr Kind essen, worauf es Appetit hat, und setzen Sie es nicht unter Druck, mehr zu essen, als es möchte. Wenn das Kind den Mund nicht öffnet oder den Kopf abwendet, ist es normalerweise nicht an mehr Nahrung interessiert. Sie kennen Ihr Kind am besten. Wenn es das Essen oft ablehnt, können Sie eventuell versuchen, sich noch etwas mit dem Kind zu unterhalten und eine gemütliche Atmosphäre zu schaffen. Danach versuchen Sie es erneut. Sie können auch die Umgebung beeinflussen, indem Sie ein wenig mit dem Kind spielen, bevor Sie es erneut versuchen. Wenn das Kind das Essen wieder ablehnt, ist es wahrscheinlich satt, nicht am Essen interessiert, muss aufstoßen oder ist mit Verdauung beschäftigt. Gleiches gilt, wenn es neue Speisen essen soll: Lassen Sie das Kind in seinem eigenen Tempo vorgehen. Lassen Sie es selbstständig sitzen und sehen, fühlen und schmecken. Wenn das Kind neues Essen probiert und es ablehnt, versuchen Sie es wie gesagt nicht zu oft hintereinander, sondern machen ein Pause. Seien Sie geduldig, wenn Sie neues Essen vorstellen, und geben Sie nicht zu schnell auf. Das wäre schade, denn es braucht Zeit, neue Geschmacksrichtungen kennenzulernen, und es sollte richtig angegangen werden, denn Geschmackspräferenzen werden früh ausgebildet und bleiben dann ein ganzes Leben lang bestehen.

Wählerische Kinder und Nahrungsmittel-Neophobie

Es ist wichtig zu verstehen, warum das Kind ein Lebensmittel möglicherweise ablehnt oder es mehrmals probieren muss, um sich an den Geschmack und die Konsistenz zu gewöhnen.
Im Allgemeinen steht der Mensch unbekannten Lebensmitteln skeptisch gegenüber. Wenn jemand aber überhaupt keine neuen, unbekannten Lebensmittel isst, wird das auch als Neophobie bezeichnet. Die Nahrungsmittel-Neophobie ist bei Säuglingen minimal, wird im Alter von

1 ½ bis 2 Jahren stärker und erreicht ihren Höhepunkt im Alter von 2 bis 5 Jahren. Neophobie ist nicht dasselbe wie wählerisch zu sein. Letzteres ist daran zu erkennen, dass ein Kind zu wenig Abwechslung in der Ernährung hat und deshalb bestimmte bekannte Lebensmittel ablehnt.[27]

Denken Sie auch daran, dass Kinder einen schwankenden Appetit haben und manchmal weniger essen als zu anderen Zeiten. Akzeptieren Sie das und denken Sie daran, dass es oft Lebensmittel gibt, die kleine Kinder zeitweise nicht mögen, was sich aber schnell ändern kann.

Wenn Sie feststellen, dass Ihr Kind Schwierigkeiten hat, Gemüse zu essen, sind Sie nicht allein. Kinder mögen von Natur aus süßes und fettiges Essen, weshalb Gemüse oft eine Herausforderung sein kann. Die meisten Eltern möchten aber, dass ihre Kinder gerade davon am meisten essen, weil es für sie gesund ist. Einige Gemüsesorten haben einen süßlichen Geschmack: beispielsweise Karotten, Süßkartoffeln und bis zu einem gewissen Grad auch Brokkoli. Probieren Sie einmal, anstelle von Obst solche leicht süßen Gemüsesorten in Form von Püree als Topping für Brei zu verwenden. Denken Sie jedoch daran, dass sich das Kind nicht ausschließlich an den süßen Geschmack gewöhnen soll und führen Sie daher viele verschiedene Geschmacksrichtungen ein.

Wenn das Kind etwa 1 Jahr alt ist, kann man ihm vor oder während des Essens Snackgemüse anbieten. Das können Stücke von gekochten Karotten, Brokkoli, Blumenkohl oder dergleichen sein. Wenn Sie vor dem Essen Snackgemüse servieren, wird sich Ihr Kind daran gewöhnen, den schlimmsten Hunger mit Gemüse zu stillen, was ja gar nicht so schlecht ist. Wird dem Kind häufig Gemüse und Obst angeboten, wirkt sich das positiv auf seine langfristigen Essgewohnheiten aus.[28]

Halten Sie für das Kind im Alter von 9–12 Monaten während des Essens eine Schüssel mit Gemüsesorten bereit, von denen Sie wissen, dass sie Ihrem Kind schmecken. Wenn Sie neue Lebensmittel einführen, die Ihr Kind probieren soll und an deren Geschmack es sich noch nicht gewöhnt hat, kann es immer etwas bekanntes Gemüse vom »Snack-Teller« essen, sodass Sie sichergehen können, dass das Kind ausreichend Gemüse bekommt.

Wenn Ihr Kind beim Essen sehr wählerisch ist, kann es hilfreich sein, ihm ein neues Lebensmittel zusammen mit vertrauten Mahlzeiten oder seiner Lieblingsspeise zu präsentieren. Das Kind wird irgendwann anfangen, das neue Essen anzunehmen, und wahrscheinlich später lernen, es ohne die Lieblingsspeise zu essen.[29]

Lassen Sie Ihr Kind vom Familienessen probieren und halten Sie eventuell auch einige alternative Lebensmittel bereit, damit es genügend Kohlenhydrate, Eiweiß und Fett bekommt. Das kann z. B. Pasta mit etwas ungesalzener Butter oder Rapsöl und gekochten Bohnen,

Fisch- oder Fleischklößchen sein. Dies sind schnelle Alternativen, wenn das Kind keine Lust auf das Abendessen hat und daher auch nicht isst.

Textur/Konsistenz

Wir Menschen schmecken unsere Lebensmitteln nicht nur, wir nehmen sie auch über das Mundgefühl wahr. Seien Sie also neugierig auf diese »Ess-Erlebnisse« Ihres Kindes und unterstützen sie dabei. Kinder lieben in der Regel knackige Gurke, knuspriges Knäckebrot, Joghurt und Schlagsahne, die sich fettig und cremig anfühlen, Haferflocken, die im Mund klebrig und körnig sind, und zartes gekochtes Gemüse. Das Mundgefühl bedeutet viel für die Erfahrung des Kindes und den Geschmack des Essens.[30]
So wie Sie es an unterschiedliche Geschmacksrichtungen gewöhnen müssen, müssen Sie es auch an verschiedene Konsistenzen gewöhnen. Beachten Sie dabei, dass einige harte, knusprige Lebensmittel erst im Alter von etwa 3 Jahren eingeführt werden sollten, um ein Verschlucken zu vermeiden, beispielsweise ganze, rohe Karotten, ganze Erdnüsse, ganze Mandeln, ganze Nüsse, ganze Trauben, Popcorn und unreife harte Früchte.[31]

Damit nichts im Hals stecken bleibt

Kleine Kinder sind noch nicht im Kauen von Lebensmitteln geschult und so bleiben bei ihnen harte Lebensmittel, beispielsweise rohe Karotten, leichter im Hals stecken. Das Essen zu erlernen erfordert Übung, und daher darf das Kind beim Essen nie allein gelassen werden. Viele Eltern fürchten sich davor, dass ihrem Kind Essen im Hals stecken bleibt, denn ein kleines Kind kann daran ersticken. Glücklicherweise passiert dies sehr selten, und wenn das Kind sich verschluckt, hustet es normalerweise das Essen selbst aus. Wenn Sie Angst haben, dass Ihr Kind Essen in den falschen Hals bekommt, sollten Sie sich damit vertraut machen, wie Sie dies verhindern können: Solange Ihr Kind noch nicht Kauen gelernt hat, sollten Sie ihm kein hartes Gemüse anbieten, wie rohe ganze Karotten, ganze Erdnüsse, ganze Nüsse, ganze Mandeln, Popcorn, ganze Trauben und unreife harte Früchte. Erst im Alter von 3 Jahren ist seine Kaufähigkeit voll entwickelt, wobei Kinder unterschiedlich sind und einige vielleicht schon früher so weit sind. Trotzdem empfiehlt die Gesundheitsbehörde bei uns in Dänemark, Kindern grundsätzlich erst ab 3 Jahren ganze rohe Karotten, Popcorn, ganze Erdnüsse, ganze Mandeln und ganze Trauben zu geben, da sie sich bis dahin daran verschlucken können.[32]

Seien Sie außerdem vorsichtig mit Schalen, bis Ihr Kind das Kauen erlernt hat. Schalen von Äpfeln, Birnen, Paprika, Tomaten und dergleichen können sich in die Luftröhre verirren. Erst wenn das Kind gut kauen kann, können Sie die Schale dran lassen (siehe *Schalen* im Baby-Lexikon, Seite 182).

Vorbereitung und Planung

Der beste Tipp für entspannte Mahlzeiten ist, am Wochenende einen Speiseplan für die kommende Woche zu erstellen, einzukaufen und das Essen so weit wie möglich vorzubereiten, beispielsweise die Zutaten nach Tagen zu sortieren, also ein Montagspaket, ein Dienstagspaket usw. zu packen. Ein Speiseplan ist eine einfache Übersicht über die Gerichte für jeden Wochentag. Verschaffen Sie sich zunächst einen Überblick darüber, welche Zutaten Sie benötigen, und schauen Sie dann, was Sie bereits haben und was Sie kaufen müssen. Speisepläne kommen der ganzen Familie zugute: Sie vermeiden Stress und Hektik im Alltag mit Kindern, die müde und hungrig sind. Sie sorgen dafür, dass sich die Familie gesund ernährt, und vermeiden zu viele der schnellen und teuren Lösungen: Eine Studie zeigt, dass Personen, die das Essen planen, weniger Take-away-Produkte kaufen.[33] Wenn Sie einem Speiseplan erstellen, haben Sie auch die Gemüserationen im Blick und können so planen, dass gleichmäßig über die Woche verteilt täglich und reichlich davon auf den Tisch kommt.

Ein weiterer Tipp für entspannte Mahlzeiten ist, am Sonntag einen großen Topf Bolognese zu kochen. Dann sind Sie dafür gewappnet, wenn ein schnelles Lieblingsessen gefragt ist. Bereiten Sie am Wochenende auch einige große Portionen Obstpüree, Gemüsepüree und Fleisch vor, die für die Kleinsten in der Familie in kleineren Portionen eingefroren werden können. Solche kleinen Portionen stehen dann bereit, wenn im Alltagstress gerade mal nicht viel Zeit zum Kochen bleibt. Bereiten Sie außerdem extra zwei große Portionen Gemüsepüree, eine große Portion Fruchtpüree und Fleischklößchen zu und frieren Sie alles in Tagesportionen für das Baby ein. Das können Sie dann mit dem verlängern, was der Rest der Familie während der Woche isst, beispielsweise Frikadellen, Fisch, Huhn, Kartoffeln oder Avocado.

Gefrorenes Gemüsepüree und Fruchtpüree in Eiswürfelformen (siehe Bild Seite 30) eignen sich gut zum Süßen und zum Abkühlen von heißem Brei, Gemüseeiswürfel speziell als zusätzliche Aromen und Nährstoffe für Obst- und Gemüsepürees. Geben Sie beispielsweise ein bis zwei Eiswürfel Süßkartoffel oder Brokkoli in ein Kartoffelpüree, um mehr Nährstoffe hinzuzufügen, den Geschmack zu variieren und das Püree etwas abzukühlen.

Variieren Sie das Essen mithilfe der folgenden einfachen Tabellen. So bereiten Sie gesunde Mahlzeiten zu, die leicht und sättigend sind und den Geschmackssinn herausfordern, während Sie gleichzeitig das nutzen, was Sie bereits im Kühlschrank haben. Versuchen Sie, die Zutaten der 6 Hauptkategorien untereinander zu kombinieren, von denen jede das Bedürfnis eines Kindes nach einer interessanten, aber gleichzeitig gesunden und sättigenden Mahlzeit erfüllt.

Fleisch/Eiweiß	**Ballaststoffreich**	**Süß**
Schweinefleisch *(Schnitzel, Filet usw.)*	Brokkoli	Süßkartoffel
Hähnchen *(Filet)*	Kartoffel	Kürbis
Weißfisch *(Kabeljau, Seelachs, Seehecht usw.)*	Pasta	Karotte
Fette Fischarten *(Lachs, Makrele, Forelle)*	Reis	Zwiebel
Garnelen	Kohl	Mais
Rindfleisch *(gehackt)*	Dinkel- und Gerstenkerne	Bete *(Gelbe, Rote usw.)*
Lamm	Brot	Knollensellerie
Rindfleisch *(geschmort)*	Haferflocken	Pastinaken
Ente	Maismehl *(Polenta)*	Topinambur
Pute	Linsen	Paprikaschoten
Bohnen		Rosinen

Gewürze	**Säuerlich und frisch**	**Zusätzliches Fett**
Thymian	Apfel	*Ungesättigt:*
Rosmarin	Knoblauch	Olivenöl
Salbei	Birne	Leinöl
Estragon	Orange	Nüsse
Dill	Pflaume	Fisch
Schnittlauch	Sanddorn	Rapsöl
Basilikum	Rhabarber	
Petersilie	Schwarze Johannisbeere	*Gesättigt:*
Dillsamen	Gurke	Butter
Koriander	Johannisbeere	Kokosöl
Chili	Crème fraîche	Tierische Fette *(Fettränder vom Kotelett oder Entenbrust usw.)*

Die Jahreszeiten

Nachhaltigkeit ist ein weit gefasster Begriff – auch beim Kochen. Sie reicht vom Kauf lokaler Zutaten über den Verzehr von weniger Fleisch bis zur Nutzung der Reste vom Vortag. Bei Nachhaltigkeit in der Küche geht es darum, kreativ zu sein und die Möglichkeiten zu erkennen. Es erfordert Neugier und Offenheit, um beispielsweise das Potenzial von Kohl und Wurzelgemüse zu erkennen. Das Kochen für Kinder stellt daher auch eine gute Möglichkeit dar, die verschiedenen Zutaten und Zubereitungsmethoden besser kennenzulernen.
Ein Schritt in Richtung Nachhaltigkeit ist außerdem zu wissen, wann die Natur was im Überfluss bereithält, wann welches Gemüse am besten schmeckt und dann dementsprechend einzukaufen. Um Kinder gleich miteinzubinden, zeigen Sie ihnen, wenn Obst und Gemüse Saison haben und wie frisch und knackig sie dann auf den Küchentisch kommen, bereiten Sie es frisch zu, probieren Sie es und zeigen, dass es schmeckt, und lassen dann die Kinder Ihrem Beispiel folgen.

Frühling	**Sommer**	**Herbst**	**Winter**
Grünkohl	Sommerbeeren	Sanddorn	Dorschrogen
Karotte	*(Erdbeere, Himbeere,*	Holunder	Reh
Weißkohl	*Blaubeere, Kirsche,*	Apfel	Fasan
Rhabarber	*schwarze und rote*	Gans	Wildente
Dorschrogen	*Johannisbeere,*	Hase	Austernsaitling
Spargel	*Stachelbeere usw.)*	Birne	Kabeljau
Seelachs	Hagebutte	Kürbis	Hering
Scholle	Holunderblüten	Pastinake	Zander
Kartoffel	Hornhecht	Petersilienwurzel	Forelle
Topinambur	Meeräsche	Blumenkohl	Kohl
Knollensellerie	Makrele	Hering	Quitte
Aubergine	Zander	Mais	Apfel
Plattfisch	Mangold	Rosenkohl	Rosenkohl
Makrele	Lengfisch	Steinpilz	Zitrusfrucht
Bärlauch	Scampi	Champignon	Kürbis
Lauch	Scholle	Pflaume	Kartoffel
Brennnessel	Brokkoli	Brombeere	Karotte
Giersch	Pflaume	Zucchini	Petersilienwurzel
Algen	Tomate	Topinambur	Steckrübe
Zitronenmelisse	Aprikose		Rote Bete
Minze	Erbsen		Schwarzwurzel
Sauerampfer	Kohlrabi		Rettich
Spitzkohl	Fenchel		Lauch
Thymian	Zucchini		
Radieschen	Spitzkohl		
	Petersilie		
	Gurke		
	Pfifferlinge		
	Basilikum		
	Spinat		
	Salat		

Babynahrung für unterwegs

Sie werden früher oder später oft mit Ihrem Baby unterwegs sein. Vielleicht leben Sie in der Stadt und gehen jeden Tag mit ihm spazieren oder Sie gehen als Großeltern mit den Enkeln auf den Spielplatz oder Sie sind als Vater in Elternzeit, treffen andere Väter oder genießen einfach nur einen Spaziergang mit dem Kleinen.

Dabei stets selbst gemachtes Essen dabei zu haben erfordert Vorbereitung und Zeit. Sie können natürlich problemlos Babynahrung im Supermarkt kaufen, daran ist nichts auszusetzen. Es kann jedoch schwierig sein sicherzustellen, dass das Kind damit alle benötigten Nährstoffe erhält, weil man nicht genau weiß, was in den Fertigprodukten enthalten ist. Produktdeklarationen zu Fertiggerichten sind nicht immer leicht verständlich. Auch wenn Sie ein Brötchen beim Bäcker kaufen, ist nicht garantiert, ob die Mitarbeiter genau wissen, was darin beispielsweise an Zucker und Salz enthalten ist. Und zu guter Letzt ist es teurer, Fertiggerichte zu kaufen, als zu Hause zu kochen.

Ein Beispiel: Verzehrfertige Fruchtsmoothies sind möglicherweise eher aus Konzentrat als aus ganzen Früchten hergestellt. Dabei ist es für Ihr Baby gesünder, die gesamte Frucht mit allen guten Nährstoffen zu bekommen. Von Zeit zu Zeit können Sie da auf die beliebten Quetschbeutel mit Babynahrung zurückgreifen.[34] Diese sind relativ neu auf dem Markt, sodass noch nicht viel darüber bekannt ist, wie sie die Essgewohnheiten und Mundmotorik des Kindes beeinflussen. Grundsätzlich sollte Ihr Baby jedoch das gesamte Lebensmittel kennenlernen und sich damit vertraut machen. Mit der Zeit muss das Kind auch verstehen, was in seinen Mund kommt, und gleichzeitig durch Sehen, Riechen und Fühlen stimuliert werden. Ein schönes farbenfrohes selbst gemachtes Karottenpüree auch zu sehen macht Ihrem Kind Lust darauf, es kennenzulernen und zu essen. Diese Erfahrung kann das Kind nicht mit Fertiggerichten in Quetschbeuteln machen.

Außerdem gibt es bei diesen große Unterschiede. Testen Sie sie, indem Sie sie selbst probieren. Beachten Sie außerdem, dass einige Quetschbeutel, beispielsweise Fertigbrei mit Fruchtpüree, hauptsächlich Obst, minimale Mengen an Getreideprodukten und meist gar kein Fett enthalten. Das Kind sollte sich deshalb nicht an Quetschbeuteln nur mit Obst/Smoothie und ohne Fett satt essen, da es zu den größeren Mahlzeiten etwa 1 TL Fett braucht, bis es rund 1 Jahr alt ist. Verwenden Sie die fettfreien Quetschbeutel daher nur als kleine Zwischenmahlzeiten. Und wenn das Kind anfängt, das Kauen zu üben, haben die Beutel mit Smoothies, Brei und Püree ohnehin eine zu feine und weiche Konsistenz.[35]

Sie können auch leere Quetschbeutel kaufen, in die Sie eigenes Püree oder Brei geben. Diese sind oft transparent und ermöglichen dem Kind, die Farben des Breis zu sehen und ein Gefühl dafür zu bekommen, was es isst. Fazit: Es lohnt sich also, selbst zu kochen, dabei immer beachten: Für alle Lebensmittel für unterwegs gelten die Regeln für Küchenhygiene und Babynahrung (siehe Seite 34).

Wenn Sie beispielsweise Karotten- oder Kartoffelpüree oder Hirsebrei wieder erwärmen möchten, nehmen Sie etwas kochendes Wasser in einer kleinen Thermoskanne mit und mischen Sie dieses unter das Püree/den Brei. Denken Sie immer daran, den Brei zu probieren, damit er nicht zu heiß ist. Und hantieren Sie nie mit kochendem Wasser in der Nähe Ihres Babys.

Nanna: Eine gute Regel, die ich befolge: Probiere selbst, was du deinem Kind gibst – auch das verzehrfertige Essen in den Quetschbeuteln. Ich muss jedoch ehrlich zugeben, dass ich mich fast nicht traue, die Quetschbeutel zu probieren, bei denen ich den Inhalt nicht sehen kann. Kürzlich habe ich ein Fertiggericht mit Hühnchen und Reis getestet, und es schmeckte nur nach Wasser und Brühe. Ich wollte es selbst nicht essen, schon gar nicht meiner Tochter anbieten. Es gibt aber auch wirklich gute Quetschbeutel, die gebe ich gelegentlich meinen Töchtern, wenn sie unterwegs einen schnellen Snack benötigen und ich nicht vorbereitet bin.

Vorbereitung ist wichtig, wenn es um Essen und Kinder geht. Daher ist es eine gute Idee, immer etwas in der Tasche zu haben. Das kann eine Scheibe Roggenbrot, eine Banane oder eine Avocado sein, die man mit einer mitgebrachten Gabel in einer Schüssel zerdrückt. Haferflocken sind auch genial zum Mitnehmen, da man sie überall zubereiten kann. Nehmen Sie einfach etwa 30 g Haferflocken und 1 TL Fett (beispielsweise Kokosöl) in einer Dose mit und übergießen Sie sie mit 100 ml kochendem Wasser aus einer mitgebrachten Thermoskanne. Umrühren, abdecken und 5–7 Minuten ziehen lassen, erneut umrühren und der Brei ist fertig und kann mit etwas Fruchtpüree oder Smoothie serviert werden.
Sobald sich das Kind an gröbere Konsistenzen und mundgerechte Häppchen gewöhnt hat, kann man auch Roggenbrot, ein kleines Messer und Dorschrogen, Avocado oder Frischkäse als Belag mitnehmen.

Lebensmittelverschwendung

Das Vermeiden von Lebensmittelverschwendung ist schwierig, insbesondere beim Kochen für Babys und Kinder, da man sie nicht zum Essen zwingen kann und auch nicht sollte. Daher kann man es manchmal nicht vermeiden, Essen wegzuwerfen, wenn man dem Kind das Essen beibringen will. Und: Das Kind sollte mit so vielen verschiedenen Nahrungsmitteln wie möglich vertraut gemacht werden. Manchmal muss ihm der gleiche Geschmack 8- bis 15-mal angeboten werden, bevor es ihn annimmt und isst.[36] Das bedeutet, dass Essen, das auf dem Teller des Kindes war, dann im Müll landet.
Oft fällt auch Kindern Essen auf den Boden, weil sie damit spielen: Wie schmeckt das Essen, wie fühlt es sich an und wie riecht es? Das Kind muss das Essen spüren dürfen, und da kann man nicht vermeiden, dass ein wenig damit geworfen wird.

Eine Möglichkeit, Lebensmittelverschwendung zu reduzieren, besteht darin, kleine Portionen von Lebensmitteln zuzubereiten und einzufrieren. Das Kind bekommt somit abwechslungsreiches Essen, da Sie Gemüsepüree, Fleisch- und Obstpüree in Tiefkühlschrank parat haben – und Sie müssen nicht immer wieder von Grund auf neu kochen oder von größeren Portionen etwas wegwerfen. Haben Sie beispielsweise Reste von altem Roggenbrot, kann man daraus eine Brotsuppe machen (Rezept siehe Seite 111).

Küchenhygiene und Babynahrung

- Küchenhygiene ist wichtig, da die Abwehrkräfte von kleinen Kindern gegen Bakterien etwas geringer sind als die von Erwachsenen und älteren Kindern.

- Waschen Sie sich immer gründlich die Hände, bevor Sie mit dem Kochen beginnen, und auch vor der Zubereitung der einzelnen Zutaten.

- Wenn die Lebensmittel gekühlt werden müssen, stellen Sie sie in den Kühlschrank, sobald sie nicht mehr dampfen.

- Wenn die Lebensmittel eingefroren werden sollen, stellen Sie sie in den Tiefkühlschrank, sobald sie nicht mehr dampfen.

- Als Faustregel gilt, dass Reste nicht länger als 3 Stunden bei Zimmertemperatur stehen dürfen.

- Wenn das Essen auf dem Teller war und nicht gegessen wurde, muss es weggeworfen werden.

- Verbreiten Sie keine Bakterien unter rohen Lebensmitteln und halten Sie daher Messer und Schneidbretter für Fleisch und Gemüse getrennt.

- Wenn eine Mahlzeit frische Kräuter als Beilage enthält, entsorgen Sie Übriggebliebenes immer, damit sich mögliche Bakterien aus der Erde des Kräuterbeets nicht vermehren.

- Überprüfen Sie stets, ob das Essen gut schmeckt, bevor Sie es Ihrem Baby servieren. Verwenden Sie zum Probieren einen anderen Löffel als den, mit dem Sie das Kind füttern.*

*Quelle: Fødevarestyrelsen & Sundhedsstyrelsen 2017, Mad til små – fra mælk til familiens mad. [Essen für die Kleinen – von Milch bis Familienessen.] Fødevarestyrelsen og komiteen for Sundhedsoplysning. [Dänische Veterinär- und Lebensmittelverwaltung und Ausschuss für Gesundheitsinformation.]

Einfrieren und Auftauen

- Achten Sie darauf, immer Verpackungen in Lebensmittelqualität zu verwenden, da einige Arten – in der Regel die etwas billigeren – nicht für saure, salzige oder warme Lebensmittel geeignet sind und gesundheitsschädliche Substanzen abgeben können. Lesen Sie die Gebrauchsanweisung oder suchen Sie nach dem »Schneeflockesymbol« oder dem »Glas- und Gabelsymbol«.

- Wenn Sie Lebensmittel für Ihr Kind einfrieren, bewahren Sie diese maximal 1 Monat lang im Tiefkühlschrank auf.

- Legen Sie Fisch und Fleisch zum Auftauen in eine Schüssel im Kühlschrank und lassen Sie sie langsam auftauen. Zu schnelles Auftauen (beispielsweise unter heißem Wasser) kann die Fasern im Fleisch oder Fisch beschädigen und zu einem schlechteren Produkt führen.

- Wenn Obst und Gemüse aufgetaut und erhitzt werden sollen, sollten sie direkt vom Tiefkühlschrank in einen Topf gegeben werden. Auf diese Weise bleiben Vitamine und Mineralstoffe am besten erhalten.

- Frieren Sie einmal aufgetaute Lebensmittel nicht wieder ein.

- Frieren Sie Essen in Eiswürfelschalen ein. Sie eignen sich perfekt für kleinere Portionen von Lebensmitteln und reduzieren die Lebensmittelverschwendung.*

*Quelle: Fødevarestyrelsen & Sundhedsstyrelsen 2017, Mad til små – fra mælk til familiens mad. [Essen für die Kleinen – von Milch bis Familienessen.] Fødevarestyrelsen og komiteen for Sundhedsoplysning. [Dänische Veterinär- und Lebensmittelverwaltung und Ausschuss für Gesundheitsinformation.]

Das Essen temperieren

Überprüfen Sie bei der Zubereitung von warmen Speisen für das Baby immer die Temperatur des Essens, bevor Sie es dem Baby geben, damit es sich nicht verbrennt. Das Essen darf nur lauwarm sein. Sie können das prüfen, indem Sie den Löffel mit dem Brei an Ihre Lippen halten. Die meisten Eltern mit kleinen Kindern kennen dieses Problem: Wenn das Essen fertig ist und das Kind schon schreit, bemerken Sie, dass das Essen zu heiß ist, und Sie müssen schnell eine Lösung finden und fügen kaltes Wasser hinzu oder stellen das Essen kurz in den Tiefkühlschrank. Der beste Tipp ist, mindestens eine Zutat, wie gekochten Lachs oder gekochtes Huhn, im Tiefkühlfach zu haben und dann kalt in den Brei zu mischen. Sie können die Essschale auch in Tiefkühlschrank aufbewahren und den heißen Brei hineingeben. Aber kein sehr heißes Geschirr in den Kühlschrank stellen, sonst kühlt er langsamer!

KAPITEL 2

Die Essentwicklung des Kindes

4–5 Monate: Wann soll ein Kind mit dem Essen beginnen?

Das Baby sollte bis zum Alter von 6 Monaten am besten keine anderen Nahrungsmittel als Milch erhalten, da das Darmsystem oft erst in diesem Alter voll entwickelt und für etwas anderes als Milch geeignet ist. Wenn Ihr Baby einen glücklichen und zufriedenen Eindruck macht und gut zunimmt, besteht keine Notwendigkeit, mit fester Nahrung zu beginnen, bevor es 6 Monate alt ist. Andere Babys müssen möglicherweise schon im Alter von 4 Monaten langsam anfangen. Nimmt Ihr Baby nicht zu, wenn es nur gestillt wird und/oder Säuglingsanfangsnahrung bekommt, wächst und gedeiht es nicht und scheint hungrig zu sein, muss vielleicht mit dem Essen begonnen werden. Ihr Baby muss jedoch mindestens 4 Monate alt sein, da sein Magen-Darm-System zuerst entwickelt und bereit sein muss, Nahrung zu verdauen und die Nährstoffe aufzunehmen.

Es ist wichtig, dass Sie Ihr Baby genau beobachten, um die Anzeichen dafür zu sehen, dass es bereit für Essen ist. Behalten Sie im Auge, ob Ihr Kind:

- zunimmt, wächst und gedeiht
- neugierig ist (wenn das Kind nach dem Essen schaut und es genau verfolgt, besteht Interesse und Bereitschaft)
- seinen Kopf halten und mit Unterstützung sitzen kann
- sich nach vorne lehnen, nach der Nahrung greifen und den Mund öffnen kann, wenn ein Löffel Nahrung unterwegs ist
- den Kopf drehen kann, um zu zeigen, dass es satt oder nicht am Essen interessiert ist
- beginnt, den Löffel mit Lippen und Zunge zu umschließen.

Wenn Sie Zweifel am Wohlbefinden, Hunger oder an der Bereitschaft des Kindes haben, wenden Sie sich ggf. an ein Beratungszentrum oder einen Arzt. Und selbst wenn das Baby mit dem Essen begonnen hat, empfiehlt die Gesundheitsbehörde bei uns in Dänemark, weiterhin zu stillen, solange das Baby und die Mutter sich dabei wohlfühlen (siehe Seite 15).

Die Übergangszeit und das erste Essen

Wenn das Baby mit Brei und Püree beginnt, hat die Übergangszeit begonnen. Diese endet, wenn es anfängt, die gleichen Mahlzeiten wie die übrige Familie einzunehmen. Die Kinderkost sollte zunächst pflanzlich sein, also aus Lebensmitteln wie Gemüse, Getreide und Kartoffeln, mit Ausnahme von Muttermilch/Säuglingsanfangsnahrung und Butter, bestehen. Sie können mit verschiedenen Breis, Gemüse, Obst und Fetten starten. Das alles deckt den Bedarf des Babys an Energie, Nährstoffen, Vitaminen und Mineralstoffen. Es ist wichtig, ihm so vielfältige Lebensmittel wie möglich anzubieten, aber zur Deckung des Nährstoffbedarfs des Babys müssen Fette, Getreide, Gemüse und Obst dabei sein.

Insbesondere am Anfang wird das Kind nur kleine Portionen essen, weshalb das Essen eine möglichst hohe Energiedichte haben sollte, die sich durch einen hohen Fettgehalt auszeichnet. Andere Lebensmittel sind energiearm, zum Beispiel Gurken, die zu etwa 96 % aus Wasser bestehen und einen minimalen Fettgehalt von rund 0,01 g pro 100 g haben. Avocados hingegen enthalten etwa 25 % Fett, was rund 18 g Fett pro 100 g entspricht.[37] Das Kind sollte vorsichtig mit milder, cremiger, geschmacksneutraler und dünnflüssiger Nahrung beginnen. Je cremiger und dünner sie ist, desto leichter kann das Baby sie vom Löffel aufsaugen. Allmählich kann dann das Essen dickflüssiger und gröber werden.

Am Anfang kann es sein, dass das Kind nur kleine Kostproben möchte, vielleicht 2–5 TL. Auch wenn das Kind großes Interesse zeigt, halten Sie sich zurück und belassen Sie es bei 5 TL. Das Baby hat noch kein Sättigungsgefühl entwickelt, sodass es schnell Bauchschmerzen bekommt, wenn es zu viel Essen erhält. Darüber hinaus soll das Essen nicht den Platz der Milch einnehmen, da die Milchaufnahme des Babys auf dem gleichen Niveau wie bisher liegen soll. Wenn Sie sich nicht sicher sind bezüglich der Menge an Milch und anderer Nahrung, wenden Sie sich an ein Beratungszentrum.

Sobald sich das Kind an die neuen Geschmackseindrücke gewöhnt hat, können Sie, je nach seinem Alter und Appetit, schrittweise mit 1–2 Mahlzeiten pro Tag beginnen. Sie entscheiden selbst, zu welcher Tageszeit Sie das Essen geben möchten. Lassen Sie das Kind jetzt an den Mahlzeiten der Familie teilnehmen, indem Sie es in seiner Babywippe zum Esstisch oder in die Küche bringen. Auf diese Weise erlebt das Kind die Routinen, während es lernt, dass Mahlzeiten einen angenehmen, sozialen Vorgang darstellen. Stellen Sie sicher, dass das Baby beim Essen nicht zu hungrig oder zu müde ist. Wenn es zu hungrig geworden ist, kann es sein, dass es lieber gestillt oder mit der Flasche gefüttert werden möchte, als mit Essen zu experimentieren. Nach dem Essen wird dem Baby die Brust oder Flasche angeboten, wenn es immer noch hungrig ist.[38] Muttermilch oder Säuglingsanfangsnahrung sind in dieser Zeit die wichtigste Nährstoff- und Energiequelle für das Baby und seine primäre Flüssigkeitsaufnahme. Allerdings kann das Kind jetzt auch mit dem Trinken von Wasser aus einer Tasse beginnen. Das Trinken aus der Tasse bereitet es auf das Schlucken von Brei vor.

Gutes Essen für Anfänger

Brei / Hirse- und Buchweizenmehl sind gute Zutaten für den Anfang, da sie zu einem milden und cremigen Brei gekocht werden können. Variieren Sie zwischen verschiedenen Breiarten. Gelegentlich kann der Brei etwas mit Fruchtpüree und/oder Gemüsepüree gesüßt werden. Achten Sie jedoch darauf, ihn nicht zu stark und nicht jedes Mal zu süßen, da das Kind schnell eine Vorliebe für das Süße entwickelt oder dann einfach ungesüßten Brei ablehnt. Sobald sich das Baby an den milden Brei gewöhnt hat, kann die Konsistenz etwas gröber werden, und Sie können Brei aus ganzen Haferflocken oder Hirseflocken kochen, die eine etwas gröbere Konsistenz als Mehl haben. Warten Sie etwas länger mit Brei auf Reisbasis, da Reis teilweise Arsen enthält (siehe *Reis* im Baby-Lexikon, Seite 181). Einmal pro Woche können Sie jedoch ein wenig Reisbrei geben.

Gemüsepüree / Gutes Essen für Anfänger ist auch Püree aus Gemüse wie Karotten, Süßkartoffeln und Petersilienwurzeln. Kartoffeln sind ebenso sehr gut geeignet, da sie einen milden Geschmack haben und ein cremiges Püree ergeben. Kartoffelpüree funktioniert außerdem prima als Grundpüree, das zu verschiedenen Gemüsesorten, wie Brokkoli, Blumenkohl, Süßkartoffel, Karotte und Kürbis, hinzugefügt werden kann. Vermeiden Sie Spinat, Sellerie, Fenchel und Rote Bete, bis das Baby 6 Monate alt ist, da dieses Gemüse Nitrat enthält (siehe *Nitrat und Nitrit* im Baby-Lexikon, Seite 181). Babys ab 6 Monaten können Sie jedoch kleine Mengen davon anbieten. Pürees sollten nicht gesalzen werden, da Salz für Babys schädlich ist (siehe *Salz* im Baby-Lexikon, Seite 182).

Fruchtpüree / Fruchtpüree ist ebenfalls am Anfang sehr gut geeignet und kann aus frischem und gekochtem Obst hergestellt werden, beispielsweise aus Früchten wie Äpfeln, Birnen und Bananen, die einen milden Geschmack haben. Mit Fruchtpüree kann man zudem Brei ein wenig süßen und alternativ kann es als Dessert nach einem Gemüsepüree oder Brei gegeben werden.

Die Portionsgrößen in »Die grüne Babyküche« sind Empfehlungen. Es ist sehr individuell, wie schnell die Essentwicklung des Kindes voranschreitet. Einige Babys zeigen ein größeres Interesse am Essen als andere. Wenn Ihr Kind nicht viel Interesse zeigt, versuchen Sie es mit verschiedenen Kostproben, bis Sie das finden, was Ihrem Kind am besten schmeckt. Wenn Ihr Kind dann gerne isst, halten Sie sich an die Portionsgrößen, damit es sich langsam an das Essen gewöhnt und Sie Verstopfungen vermeiden. Der Magen des Babys ist sehr klein. Geben Sie daher lieber mehrere kleine Mahlzeiten als wenige große, um das Risiko von Magenschmerzen zu verringern. 2 Wochen mit kleinen Portionen sind für die meisten Babys die Zeit, die sie benötigen, damit sich ihr Magen an das Essen gewöhnt.

Plan zur Einführung von Essen / Führen Sie Ihr Baby langsam an verschiedene Lebensmittel heran, damit sich sein Magen an das neue Essen gewöhnt. Ein Einführungsplan könnte folgendermaßen aussehen:

Tag 1 1 TL Karottenpüree

Tag 2 2 TL Karottenpüree

Tag 3 2–4 TL Karottenpüree mit ½ TL Kokosöl

Tag 4 2–4 TL Süßkartoffelpüree mit ½ TL Leinöl

Tag 5 2–4 TL Karotten- und Süßkartoffelpüree und 1 TL Brokkolipüree mit 1 TL Leinöl

Tag 6 2–4 TL Süßkartoffel- und Brokkolipüree mit 1 TL ungesalzener Butter

Tag 7 2–4 TL Brokkolipüree mit etwas Karotte mit 1 TL beliebigem Fett

Tag 8 2–4 TL Hirsebrei mit 2 TL Karotten-, Süßkartoffel- oder Brokkolipüree mit 1 TL beliebigem Fett

Tag 9 2–4 TL Hirsebrei mit 2 TL Karotten-, Süßkartoffel- oder Brokkolipüree mit 1 TL beliebigem Fett

Tag 10 5–7 TL Hirsebrei mit Fruchtpüree aus Banane, Apfel, Birne, Mango als Topping mit 1 TL beliebigem Fett

Tag 11 Hirsebrei mit 1 TL beliebigem Fruchtpüree mit 1 TL beliebigem Fett

Tag 12 Hirsebrei mit 2 TL beliebigem Fruchtpüree mit 1 TL beliebigem Fett

Tag 13 Reisbrei mit 2 TL beliebigem Fruchtpüree mit 1 TL beliebigem Fett

Tag 14 Kartoffelpüree mit beliebigem Fruchtpüree mit 1 TL beliebigem Fett

6–8 Monate: Die Essentwicklung des Kindes – jetzt braucht es Essen

Wenn das Baby 6 Monate alt ist, benötigt es die Nährstoffe, die in der Nahrung enthalten sind, und kann daher nicht mehr nur mit Muttermilch oder Säuglingsanfangsnahrung ernährt werden. Wenn Sie das Essen noch nicht eingeführt haben, sollten Sie es jetzt tun. Wenn das Baby im Alter von 6 Monaten mit dem Essen beginnt, können Sie die Rezepte für 4–5 Monate verwenden (siehe Seite 47), mit denen ein Baby langsam an das Essen herangeführt werden kann.

Wenn Ihr Baby etwa 6 Monate alt ist, zeigt es ein natürliches Interesse am Essen und ist sehr neugierig und offen dafür. Es ist wichtig, in diesem günstigen Zeitfenster das Interesse des Kindes zu nutzen. Wenn Sie später anfangen, besteht die Gefahr, dass sich »das Fenster schließt« und das Interesse am Essen nicht mehr so groß ist. Das Baby kann dann Schwierigkeiten haben, sich an das Essen zu gewöhnen, und wird in einigen Fällen die Milch bevorzugen und somit seinen Nährstoffbedarf nicht mehr decken können. Sie erleichtern den Übergang von Milch zu fester Nahrung, indem Sie das »offene Fenster« nutzen.

Wenn das Kind 6 Monate alt ist, kann es jetzt mit Unterstützung sitzen und ist so entwickelt, dass es aktiv an den Mahlzeiten teilnehmen kann. Gleichzeitig kann das Kind jetzt das Essen mit der Zunge im Mund verteilen, die Konsistenz erkennen und das Kauen üben. Daher sollte das Essen nicht mehr nur dünn und cremig sein, sondern kann ruhig ein wenig Struktur bekommen und dickflüssiger und gröber werden.[39]

Wenn Sie Ihr Baby zum ersten Mal im Alter von 6 Monaten an das Essen heranführen, beginnen Sie mit den milden, cremigen und dünnen Vorschlägen, die für Babys von 4–5 Monaten (siehe Seite 36–39) empfohlen werden.

Ein Baby von 6 Monaten sollte etwa 2 Mahlzeiten pro Tag, basierend auf dem Familienessen, bekommen. Erhöhen Sie langsam die Anzahl der Mahlzeiten, damit das Kind mit etwa 8 Monaten 3–4 Mahlzeiten pro Tag erhält. Denken Sie daran, dass der Appetit des Babys schwanken kann. Von allem zwingen Sie Ihr Kind nicht zum Essen, wenn es nicht möchte, Mahlzeiten sollten positive Erfahrungen sein. Und wenn Ihr Kind mal bei einigen Mahlzeiten etwas weniger isst, dann wird es bei anderen wieder mehr essen.

Kinder, die seit dem Alter von 4 Monaten essen, können jetzt mit einer gröberen und dickeren Konsistenz beginnen. Wenn das Baby sich dem 8. Monat nähert, kann es schließlich Essen in kleinen Stücken erhalten, ohne dass diese zerdrückt werden müssen, beispielsweise klein geschnittene gekochte oder gebackene Kartoffeln.

Sorgen Sie dafür, dass Ihr Kind jetzt jeden Tag etwas Fisch, Fleisch oder Geflügel bekommt sowie fein geriebenes, gekochtes oder gebackenes Gemüse.

Ebenso sollte dem Kind jeden Tag Obst ohne Schale angeboten werden, das püriert werden sollte, bis das Baby mindestens älter als 6 Monate ist. Kurz vor dem 8. Monat kann man Früchte dann in kleineren Stücken oder Scheiben geben, da sich die Kaufähigkeit des Kindes allmählich entwickelt. In der Regel kann es im Alter von 8 Monaten selbstständig auf einem Hochstuhl mit am Tisch sitzen, wenn die Familie isst.

Verschiedene Arten von Brei sind immer noch gut für das Kind und ein prima Start in den Tag (siehe Größe der Mahlzeit und Zusammensetzung von Fett, Eiweiß und Kohlenhydraten, Seite 17).

Das Baby erhält nach wie vor Muttermilch oder Säuglingsanfangsnahrung, kann aber auch schon anfangen, Wasser aus einer Tasse zu trinken, um Lebensmittel mit etwas mehr Struktur »herunterspülen« zu können. Es ist jedoch weiterhin wichtig, dass das Kind den Durst nicht mit Wasser stillt, sondern mit nahrhafter Muttermilch oder Säuglingsanfangsnahrung.[40]

9–12 Monate: Die Essentwicklung des Kindes – Mahlzeiten mit der Familie

Das Kind isst jetzt mehr oder weniger das Gleiche wie der Rest der Familie und in der Regel etwa 5–6 Mahlzeiten pro Tag, basierend auf dem Familienessen. Das Essen muss jedoch nach wie vor weich sein oder in geeignete kleine Stücke geschnitten werden. Das Kind kann jetzt so gut kauen, dass es zum Beispiel durchaus schon Stücke von Roggenbrot beißen kann. Es isst immer noch mit den Fingern und/oder wird von den Eltern mit dem Löffel gefüttert, da es noch nicht selbstständig mit dem Löffel essen kann. Aber lassen Sie das Kind ruhig das Essen mit einem Löffel und dann langsam mit einer Gabel üben.

Variieren Sie die Nahrung für das Baby im Laufe des Tages und während der Woche. Wechseln Sie zwischen unterschiedlichem Gemüse, Obst, Fleisch und Fisch. Machen Sie Ihr Kind auch mit verschiedenen Geschmacksrichtungen, Aromen und Texturen bekannt.

Brei ist immer noch ein gutes Essen für das Kind, da er Ballaststoffe und Nährstoffe enthält und mit vielen Zutaten und Geschmacksnuancen ergänzt werden kann. Jeden Morgen regelmäßig Brei zu essen ist ein gesunder Start in den Tag – ein Leben lang.

Stellen Sie sicher, dass das Kind mehrmals pro Woche Fisch bekommt, mindestens zweimal als Hauptgericht oder Brotbelag. Sie können dem Kind auch Brot ohne Körner geben (siehe *Fisch*, einschließlich Raubfisch, Seite 178, und *Körner und Ballaststoffe* im Baby-Lexikon, Seite 180).

Obst und Gemüse sollten ebenfalls Bestandteil der Ernährung des Babys sein. Sie können Obst als kleine Häppchen, als Dessert oder als Zwischenmahlzeit servieren. Geben Sie Gemüse zu den meisten Mahlzeiten und variieren zwischen verschiedenen Sorten und Zubereitungsarten.

Fleisch kann jeden Tag gegeben werden, am besten als Brotbelag. Wenn Sie gebratenes oder im Ofen gegartes Fleisch anbieten, schneiden Sie die Ränder ab, da sie für das Kind möglicherweise zu hart zum Kauen sind.

Stillen und Flasche sind immer noch Teil der Flüssigkeitsaufnahme des Babys und werden jetzt meist abends oder spätabends gegeben. Füttern Sie das Baby weiterhin mit Muttermilch oder Säuglingsnahrung, bis es mindestens 1 Jahr alt ist. Bis dahin braucht das Kind etwa 500–700 ml Muttermilch oder Säuglingsnahrung pro Tag. Wenn es etwa 1 Jahr alt ist, benötigt es dann nur mehr rund 300–500 ml.

Jetzt können Milchprodukte, beispielsweise Naturjoghurt, in kleinen Mengen eingeführt werden. Geben Sie davon im Alter von 1 Jahr maximal etwa 50–100 ml.[41]

1 Jahr+: Die Essentwicklung des Kindes – es isst jetzt fast alles

Das Kind isst jetzt so ziemlich alles, vorzugsweise 5–6 Mahlzeiten pro Tag und die gleichen wie der Rest der Familie. Wenn Ihr Kind wach ist, braucht es normalerweise alle 2–3 Stunden etwas zu essen. Sein Magen ist noch nicht so groß, daher ist es wichtig, dass dem Kind tagsüber viele kleine Mahlzeiten angeboten werden. Die Menge an Nahrung hängt von der Körpergröße, dem Aktivitätsniveau und dem Alter des Kindes ab.

Das Kind kann jetzt schon seine Meinung äußern. Das bedeutet auch, dass es manchmal sehr einseitig essen will. Das ist völlig normal. Also zwingen Sie das Kind nicht, etwas zu essen, was es nicht möchte.

Sorgen Sie dafür, dass das Kind eine Auswahl hat und stets etwas dabei ist, auf das es zurückgreifen kann, wenn es das Familienessen nicht mag. Es ist nicht schön für das Kind, etwas zu essen, was es nicht mag – wir Erwachsenen mögen das ja auch nicht. Eine gute Idee ist zum Beispiel, einen kleinen Teller auf den Tisch zu stellen und dem etwas älteren Kind von etwa 1 ½ Jahren zu erklären, dass es Essen, das es nicht mag, auf diesen Teller legen kann. So können Sie vermeiden, dass das Kind es auf den Boden oder über die Schulter wirft.

Es ist völlig normal, dass das 1-jährige und etwas ältere Kind sich weigert, neue Lebensmittel zu probieren, aber bieten Sie ihm weiterhin so viele verschiedene neue Geschmackserlebnisse wie möglich an. Langsam gewöhnt sich das Kind so an eine abwechslungsreiche Ernährung.

Das Kind kann jetzt Löffel und Gabel verwenden, aber schneiden Sie das Essen in kleine mundgerechte Stücke, sodass es leicht mit einer Gabel, einem Löffel oder mit den Fingern gegessen werden kann. Erst wenn das Kind etwa 1 ½ Jahre alt ist, kann es den Löffel sicher zum Mund führen, ohne das etwas runterfällt. Fingerfood ist für das Baby immer noch wichtig.

Dem Baby kann jetzt fettarme Milch aus der Tasse angeboten werden. Es sollte täglich 350–500 ml Kuhmilch erhalten, einschließlich Sauermilchprodukte.

Außerdem empfiehlt zum Beispiel die dänische Gesundheitsbehörde das Stillen bis zu einem Alter von mindestens 1 Jahr, wenn Mutter und Kind sich dabei wohlfühlen. Leitungswasser ist ebenso Teil der Flüssigkeitsaufnahme und sollte mehrmals am Tag aus der Tasse angeboten werden. Zuckerhaltige Getränke wie Saft, Verdünnungssirup und Limonade werden für kleine Kinder nicht empfohlen. Sie nehmen ihnen den Appetit auf das Essen und können Übergewicht und Karies zur Folge haben.[42]

Was ein Baby essen kann

4–5 Monate / Getreide, Mehl, Kartoffeln, Gemüse, Kohl, Linsen, Bohnen, Obst, Fette, Nüsse (fein gemahlen in Backwaren, Fleischgerichten oder Smoothies).

6–8 Monate / Getreide, Mehl, Kartoffeln, Gemüse, Kohl, Linsen, Bohnen, Obst, Fette, Nüsse (fein gemahlen in Backwaren, Fleischgerichten oder Smoothies), Eier (gründlich gekocht oder pasteurisiert), Fleisch, Fisch, Geflügel.

9–12 Monate / Getreide, Mehl, Kartoffeln, Gemüse, Kohl, Linsen, Bohnen, Obst, Fette, Nüsse (fein gemahlen in Backwaren, Fleischgerichten oder Smoothies), Eier (gründlich gekocht oder pasteurisiert), Fleisch, Fisch, Geflügel, Käse, Kuhmilchprodukte.

1 Jahr+ / Das Baby kann jetzt fast alles essen. Beachten Sie, dass Kinder bis zum Alter von 3 Jahren keine ganzen Nüsse, Erdnüsse und Mandeln, kein Popcorn, keine ganzen Weintrauben, keine unreifen harten Früchte und ganze rohe Karotten essen dürfen. Es gibt auch immer noch bestimmte Vorbehalte bei einigen Lebensmitteln wie Rosinen, Thunfisch, Zimt, Salz und Vollkornprodukten mit ganzen Kernen (siehe *Rosinen*, *Fisch*, einschließlich Raubfisch, *Zimt*, *Salz* und *Körner und Ballaststoffe* im Baby-Lexikon, Seiten 178–182).[43]

DIE GESCHICHTE DER MILCH

Im Laufe der Geschichte hatten Eltern so ihre Probleme damit dahinterzukommen, wie die richtige Ernährung für ihre Säuglinge und Kleinkinder aussehen sollte. Muttermilch war immer das Einzige, was in den ersten Lebensjahren des Babys perfekt funktionierte. Bei Mangel an Muttermilch oder beim Übergang zu normaler Nahrung jedoch hatte der Mensch im Laufe der Geschichte sehr kreative und leider auch sehr gefährliche Formen der Ernährung gefunden. Und so gab es Zeiten, in denen die Sterblichkeit oder das Risiko gefährlicher Krankheiten bei kleinen Kindern, die noch keine ausreichend entwickelte Verdauung hatten, hoch war.

Gemälde und Überlieferungen aus der Antike, dem Mittelalter und bis zum Ende des 19. Jahrhunderts zeugen von verzweifelten Versuchen, die lebensspendende Wirkung der Muttermilch für Säuglinge »nachzuahmen«. Das Essen sollte daher so sehr wie möglich Milch ähneln – in Aussehen und Konsistenz. Man scheint davon überzeugt gewesen zu sein, dass die Eigenschaften der Milch auf wundersame Weise mit dem Aussehen des Nahrungsmittels verbunden sind. Leider war der entsprechende Milchersatz oft ein dünner Gerstenbrei, ein schleimiger Brei aus Mehl und Wasser oder sogar Wasser mit gelöstem Kalk.

Die meisten Kulturen hatten außerdem mit Tiermilch experimentiert, aber meistens wurde diese über lange Strecken in mit Bakterien verunreinigten Flaschen oder Gläsern transportiert. Wenn die Tiermilch dann mit Mehl und Grütze gemischt oder verdünnt wurde, war dieser Mix nicht nur unverdaulich, sondern auch zu einer Bakterienschleuder für das Baby geworden.

In Dänemark beispielsweise wurde Brei oder gekautes Roggenbrot in ein Geschirrtuch gewickelt, an dem das Kind saugen konnte. Mit der Einführung von vitaminreichem Milchpulver in den 1930er-Jahren kam eine haltbare und keimfreie Ersatznahrung für Muttermilch auf den Markt. Aber erst in den 1950er-Jahren wurde es für breitere Bevölkerungsschichten zugänglich.[44]

KAPITEL 3

Rezepte: 4–6 Monate

- Das Baby ist jetzt möglicherweise so weit, dass es mit dem Essen beginnen kann (siehe Seite 36).
- Wenn Ihr Kind jetzt bereit ist, mit dem Essen anzufangen, sollte es je nach Appetit und Alter 0–2 Mahlzeiten pro Tag bekommen (siehe Seite 41).
- Muttermilch oder Säuglingsanfangsnahrung ist nach wie vor das wichtigste Nahrungsmittel für das Baby (siehe Seite 14 und 36).
- Das Kind beginnt, neugierig auf das Essen zu schauen (siehe Seite 36).
- Das Essen besteht in der Regel aus Brei und Püree aus Gemüse und Obst.
- Das erste Essen sollte cremig und dünn sein (siehe Seite 38).
- Allmählich kann das Essen dickflüssiger und gröber werden.
- Das Kind beginnt zu üben, seine Lippen um den Löffel zu schließen und seine Zunge zu benutzen (siehe Seite 36).
- Sie sollten zu jeder Portion für das Baby etwa 1 TL Fett hinzufügen.

Denken Sie daran, dass Sie Ihr Kind am besten kennen und beurteilen können, wann Ihr Kind bereit ist, mit dem Essen zu beginnen. Wie schnell die Essentwicklung Ihres Kindes voranschreitet und wie viele Mahlzeiten es einnimmt, hängt von seinem Wohlbefinden und Appetit ab. Fangen Sie für einen guten Start langsam an und geben Sie in der ersten Zeit nur Kostproben, damit sich das Baby und sein Magen an das Essen gewöhnen können (siehe Seiten 37–40). Achten Sie außerdem unbedingt immer darauf, dass heißes Essen zunächst etwas abkühlen bzw. abgekühlt werden muss (siehe Seite 35), ehe Sie es Ihrem Kind anbieten.

Rezepte

Karottenpüree

WINTER – FRÜHLING – SOMMER – HERBST

1 Portion

Karottenpüree ist für kleine Kinder Gold wert. Karotten sind süß und das Kind kennt den süßen Geschmack von der Muttermilch oder der Säuglingsanfangsnahrung. Darüber hinaus können die Kleinen gekochte und zerdrückte Karotten gut verdauen. Karotten enthalten jede Menge Betacarotin, das im Körper zu Vitamin A[46] umgewandelt wird, welches gut für Augen und Immunsystem ist.

1 große Karotte oder mehrere kleine
1 TL Bio-Rapsöl (oder Olivenöl)

Die Karotten schälen, würfeln und in einen Topf geben. So viel Wasser hinzufügen, dass die Karotten damit bedeckt sind. Etwa 10 Minuten kochen, bis die Karotten weich sind; die Garzeit hängt davon ab, wie groß die Würfel sind. Anschließend abgießen und das Kochwasser auffangen, um damit dann bei Bedarf den Brei zu verdünnen. Karotten und nach Bedarf Kochwasser zu einer cremigen Masse mixen. Zuletzt das Öl hinzufügen.

Süßkartoffelpüree

WINTER – FRÜHLING – SOMMER – HERBST

2–3 Portionen

Ihr Baby ist den süßen Geschmack von Muttermilch oder Muttermilchersatz gewöhnt. Darum lieben die meisten Babys den süßen Geschmack und die cremige Konsistenz der Süßkartoffel. Umso besser, denn Süßkartoffeln sind reich an Vitamin A und Vitamin C[45].

½ mittelgroße Süßkartoffel • 1 TL Bio-Kokosöl (oder Olivenöl)

Die Süßkartoffel schälen und würfeln. Die Würfel in einen Topf geben und mit Wasser bedecken. Aufkochen und dann in etwa 15 Minuten gar kochen. Anschließend abgießen und dabei etwa eine Tasse von dem Kochwasser auffangen, um damit dann bei Bedarf den Brei cremiger zu machen. Die Süßkartoffelwürfel zu einer cremigen, gleichmäßigen Masse mixen und nach Bedarf etwas Kochwasser hinzufügen, falls der Brei zu dickflüssig geworden ist. Zuletzt das Öl hinzufügen.

Süßkartoffeln schmecken auch gebacken richtig gut. Dazu die Kartoffeln in grobe Stücke schneiden, diese in Öl wenden und dicht an dicht in eine ofenfeste Form legen. Im Backofen bei 200 °C etwa 45 Minuten backen. Dabei darauf achten, dass sie nicht anbrennen und austrocknen, dazu mehrmals wenden und laufend Wasser oder Öl dazugeben. Die fertig gebackenen Süßkartoffeln dann pürieren oder zerdrücken.

To Go

SPIS & GRO

Brokkolipüree mit Petersilienwurzel

WINTER – FRÜHLING – SOMMER – HERBST

1 Portion

Kohl ist gut, auch für die Kleinen, da er jede Menge gesunde Nährstoffe, wie Vitamin K, A und C[47], enthält. Geben Sie Ihrem Kind deshalb viel Kohl – Brokkoli als Püree ist beispielsweise eine babyfreundliche Kohlmahlzeit. Der Strunk sollte dabei ebenfalls verwendet werden, da darin die meisten Vitamine enthalten sind.

1 Brokkoli (inklusive Strunk), etwa von der Größe eines Apfels
¼ Petersilienwurzel (oder anderes Wurzelgemüse)
1 TL Leinöl (oder Olivenöl)

Den Brokkoli gründlich waschen und die Petersilienwurzel schälen. Beides zerkleinern und in einen Topf geben. Mit Wasser bedecken und in 15 Minuten gar kochen. Anschließend abgießen und dabei etwa eine Tasse von dem Wasser auffangen, um damit dann das Püree zu verdünnen. Brokkoli und Petersilienwurzel zu einer cremigen Masse mixen. So viel von dem Kochwasser zugeben, bis die gewünschte Konsistenz erreicht ist. Zuletzt das Öl hinzufügen.

To Go

Hirsebrei

WINTER – FRÜHLING – SOMMER – HERBST

2 Portionen

Hirsebrei mag eines der einfachsten Gerichte sein, das Sie auf den Tisch bringen. Gleichzeitig kann er aber auch eines der wichtigsten sein. Denn Hirsemehl ist eine tolle Grundzutat für die ersten Mahlzeiten eines Kindes. Der Brei daraus hat eine cremige Konsistenz und ist komplett geschmacksneutral. Der Geschmack ist in diesem Fall auch unwesentlich. Hier geht es darum, dem Kind einen ersten alternativen Sinneseindruck zur Muttermilch zu bieten. Erwarten Sie nicht, dass Ihr Kind besonders viel von dem Hirsebrei isst. Es kann auch sein, dass das Ganze im Gesicht Ihres Kindes oder auf dem Boden landet. Egal, Hauptsache, Sie bleiben dran und führen Ihr Kind mit dem weichen Brei in angenehmer Weise an etwas anderes als Muttermilch heran.

20 g Hirsemehl • 1 TL Kokosöl (oder Nussöl)

Das Hirsemehl in einen Topf geben und 150 ml Wasser dazugießen. Beides aufkochen und dabei ständig rühren, damit sich keine Klümpchen bilden. Dann den Brei unter weiterem ständigem Rühren 2–3 Minuten köcheln lassen. Er ist fertig, wenn er eine cremige Konsistenz hat. Zuletzt das Öl unterrühren. Den Brei mit einem Klecks Erdbeer- oder Bananenmus servieren.

Erwarten Sie nicht, dass Ihr Baby gleich zu Anfang an eine ganze Portion isst, vermutlich nicht einmal eine halbe Portion, vielleicht auch nur einen Löffel voll. Wenn der Hirsebrei noch nicht auf dem Teller war, können Sie ihn auch für den nächsten Tag im Kühlschrank aufheben. Erwärmen Sie ihn vor dem Essen unter ständigem Rühren in einem Topf und prüfen Sie vor dem Servieren wie immer die Temperatur.

To Go

Reisbrei

WINTER – FRÜHLING – SOMMER – HERBST

1 Portion

Dieser Reisbrei ist weich und cremig und damit gut geeignet, um das Baby mit Essen vertraut zu machen. Im ersten Lebensjahr sollte das Kind allerdings nicht zu viel Reis erhalten (siehe *Reis* im Baby-Lexikon, Seite 181).

15 g Reismehl • 1 TL Kokosöl

100 ml Wasser und das Reismehl in einem Topf unter ständigem Rühren etwa 2 Minuten kochen. Anschließend das Öl dazugeben. Den Reisbrei mit einem Obstpüree darauf servieren, beispielsweise Sanddorn-Mango-Mus (Rezept siehe Seite 58).

Sanddorn-Mango-Mus

WINTER – FRÜHLING – SOMMER – HERBST

2 Portionen (oder als Topping für mehrere Portionen Brei)

Sanddorn ist ein Superfood, das reich an Vitamin A, C, B, K und E ist. Er enthält 131 mg Vitamin C pro 100 g, eine Orange dagegen nur 54 mg pro 100 g. Mango hat einen wunderbar süßen Geschmack, eine weiche Konsistenz und ist meist ein Hit bei den Kleinen. Sie ist ebenfalls reich an Vitamin C, das im Köper die Aufnahme von Eisen unterstützt.[48]

1 EL Sanddornbeeren (frisch oder TK) oder Sanddornmark • 1 Mango (oder 1 Banane)

Werden die Sanddornbeeren frisch verwendet, diese waschen, in einen Topf mit Wasser geben und etwa 5 Minuten weich kochen. Die Beeren abgießen, mit einem Löffel zerdrücken oder mit einem Stabmixer mit ein wenig Wasser mixen. Anschließend das Mus durch ein Sieb drücken, um die Kerne und den Rest der Schalen zu entfernen. Die Mango von der Schale befreien, entkernen und würfeln. Mango und Sanddornmark mit einem Stabmixer zu einem cremigen Brei mixen. Falls die Mango nicht so saftig ist, dass eine cremige Konsistenz entsteht, nach Bedarf Wasser untermixen.

Sanddorn ist eine echte Gabe der Natur und wächst in Küstengebieten. Sollten Sie das Glück haben, dort zu leben, können Sie ihn sogar kostenlos ernten. Allerdings ist das Pflücken der Sanddornbeeren schwierig, da sie an großen, dornigen Büschen hängen. Schneiden Sie deshalb am besten jeweils einen (oder ein paar) kleinen Zweig zum Einfrieren ab. Probieren Sie die Beeren aber vor dem Abschneiden der Zweige, denn der Geschmack kann von Strauch zu Strauch variieren – und Sie sollten nur die süßesten und reifsten ernten. Nehmen Sie nur so viele Zweige mit, wie Sie auch verbrauchen, damit der Sanddorn noch für lange Zeit in der Natur erhalten bleibt. Zu Hause dann den Zweig einfrieren und dann die Beeren im gefrorenen Zustand abschütteln oder mit einer Gabel abstreifen.

To Go

Dinkelbrei

WINTER – FRÜHLING – SOMMER – HERBST

1 Portion

Ein einfacher Anfangsbrei für den kleinen Magen. Er ist mild und neutral und kann zusammen mit Obstpüree gegessen werden.

25 g Dinkelmehl • 1 TL ungesalzene Butter

250 ml Wasser und das Dinkelmehl in einem Topf aufkochen und unter ständigem Rühren etwa 2 Minuten kochen. Anschließend die Butter hinzufügen.
Den Dinkelbrei mit etwas Obstpüree als Topping servieren, beispielsweise mit Hagebuttenmus (Rezept siehe Seite 62).

To Go

Hagebuttenmus

WINTER – FRÜHLING – SOMMER – HERBST

2 Portionen (oder für mehrere Portionen als Topping)

Hagebutten sind ein schönes, essbares Geschenk der Natur. Hagebutten werden oft zu Marmelade verarbeitet, schmecken aber auch sehr gut als Fruchtmus. Hagebutten gelten als Superfood, denn sie sind sehr reich an Vitamin C und A.[49]

200 g Hagebutten • 1 Apfel • 1 Msp. gemahlene Vanille

Die Hagebutten gründlich waschen und die Stängel entfernen. Die Früchte längs teilen und die Kerne und Härchen mit den Fingern oder einem kleinen Löffel entfernen. Die Hagebutten hacken und in einen Topf geben. Den Apfel waschen, entkernen, schälen, würfeln und ebenfalls in den Topf geben. Mit Wasser auffüllen, bis Äpfel und Hagebutten bedeckt sind, und die Vanille hinzufügen. Anschließend aufkochen und etwa 30 Minuten köcheln lassen, bis die Hagebutten- und Apfelstücke weich sind. Abgießen und dabei das Kochwasser auffangen. Die Früchte zu einem cremigen, gleichmäßigen Mus mixen, dabei etwas Kochwasser dazugeben, falls das Mus zu dickflüssig ist.

Hagebutten kann man auch als Pulver kaufen, das unter einen Smoothie oder in einen Brei gemischt werden kann.

Zutaten wie Sanddorn, Holunderblüten und Hagebutten gibt es kostenlos in der Natur. Sie sind voller Nährstoffe und Energie – und das Sammeln ist ein schönes Erlebnis für die ganze Familie. Einen Teil der Arbeit können Sie erledigen, während Ihr Baby seinen Mittagsschlaf macht. Sie können aber auch bewusst das wache Kind vom Kinderwagen aus beobachten lassen, wie seine Eltern Wildpflanzen sammeln.

To Go

Buchweizenbrei mit geriebenem Apfel und Vanille

WINTER – FRÜHLING – SOMMER – HERBST

2 Portionen

Buchweizen hat etwas mehr Geschmack als Reis, Hirse und Hafer. Manche Kinder lieben Buchweizen, andere möchten ihn etwas gesüßt haben, wie hier mit Apfel und Vanille.

50 g Buchweizenmehl oder fein geschrotete Buchweizenkerne
1 Apfel • 1 Msp. gemahlene Vanille

Das Buchweizenmehl oder die fein geschroteten Kerne (z. B. mit einer Kaffeemühle oder einem Mörser zerkleinert) in einen Topf geben und 300 ml Wasser hinzufügen. Den Apfel schälen, entkernen, fein reiben und mit der Vanille ebenfalls in den Topf geben. Alles unter Rühren so lange kochen, bis der Brei die gewünschte, cremige, dünne Konsistenz hat.

To Go

Haferbrei mit Bananenmus und Kokosöl

WINTER – FRÜHLING – SOMMER – HERBST

1 Portion

Dieser Brei ist etwas ganz Besonderes: cremig, fett und süß – genau wie die Kleinen es mögen und ab und zu brauchen. Er ist ein leckerer Abendbrei, da Bananen den Wirkstoff Tryptophan enthalten, der beim Einschlafen helfen kann.[50] Außerdem enthalten Bananen die Mineralstoffe Magnesium und Kalium, die muskelentspannend wirken.[51]

35 g Haferflocken • 1 kleine reife Banane oder ½ große reife Banane • 1 TL Kokosöl

Die Haferflocken und 100 ml Wasser in einen Topf geben, aufkochen und bei mittlerer Temperatur unter ständigem Rühren 5 Minuten köcheln lassen. Die Banane schälen, mit einer Gabel in einer Schüssel zerdrücken und den Haferbrei hinzufügen. Zuletzt das Kokosöl unterrühren. Den Brei vor dem Servieren abkühlen lassen.

To Go

Birnenpüree mit Erbsen

WINTER – FRÜHLING – SOMMER – HERBST

2 Portionen

Ein angenehm leichtes Obstpüree als Topping oder Nachtisch und eine gute Möglichkeit, Ihrem Kind etwas mehr Gemüse unterzujubeln.

3 Birnen • 1 kleine Handvoll Erbsen • ½ TL Leinöl • ½ TL Butter

Die Birnen schälen, entkernen und in kleinere Stücke schneiden. Mit den Erbsen in einen Topf geben und mit Wasser bedecken. Alles etwa 5–10 Minuten köcheln lassen, bis die Birnen weich sind. Anschließend abgießen und dabei das Kochwasser in einer Schüssel auffangen. Die Birnen und Erbsen zu einem Brei mixen, dabei etwas Kochwasser dazugeben, bis er die gewünschte Konsistenz hat. Zuletzt das Leinöl und die Butter unterrühren.

Sie können auch anderes Gemüse wie Blumenkohl, Brokkoli, Erbsen oder Petersilienwurzel mit dem süßen Obstpüree vermengen. Das gibt etwas mehr Geschmack und mehr unterschiedliche Nährstoffe.

To Go

BABYESSEN WELTWEIT

Säuglingsnahrung in anderen Teilen der Erde gleicht unserer mehr, als man denken mag. Auch wenn beispielsweise manche glauben, dass in asiatischen Ländern bereits kleine Kinder Chili zu essen bekommen. Normalerweise werden sie jedoch erst ab 18–24 Monaten an schärferes Essen herangeführt. Tatsächlich erinnert die Kost für Kleinkinder in Asien – mit Kokosmilch, Grütze, Reis, Mais und Linsen – in Geschmack und Konsistenz an unsere.

In Indien besteht Babyessen aus einem Brei aus Linsen und Reis, Khichdi genannt, ein wenig einem milden und cremigen Daal ähnlich. Auf den Philippinen und in anderen Ländern dieser Region bekommen Babys für gewöhnlich Lugaw oder Congee, eine Art Reisbrei – oft mit Gemüse oder Ingwer.

In vielen Kulturen in Südamerika oder der Karibik, wo viel Gemüse und Obst angebaut wird, werden die Kinder schon im Alter von einigen Monaten damit bekannt gemacht. Die Eltern in Südeuropa beginnen auch früh mit frischen Zutaten – weiche, sonnengereifte Melonen und Aprikosen kann man dem Baby sehr gut schon früh anbieten.

Obwohl stärkehaltige Breie auf Weizen- und Maisbasis die Teller der Kleinkinder auf der ganzen Welt dominieren, wird in vielen Ländern auch Brei und Püree aus Linsen oder Bohnen verwendet. Linsen und Bohnen sind sättigend, mild im Geschmack und gut für die Verdauung – oft besser als Brei aus raffiniertem und fein gemahlenem Mehl oder Grieß, den viele mitteleuropäische Babys bekommen.

Wenn Eltern mit kleinen Kinder verreisen, machen sich viele Gedanken darüber, ob sie am Reiseziel Essen finden, das das Kind »vertragen« kann. Das Essen unterscheidet sich jedoch nicht so sehr von dem, was wir in Europa kennen. Alle Kinder sollten im Großen und Ganzen auch Essen anderer Kulturen zu sich nehmen können. Der wesentliche Unterschied ist nicht die Kost an sich, sondern die Bakterienflora, die von Kontinent zu Kontinent sehr unterschiedlich sein kann. Achten Sie deshalb besonders genau auf Hygiene und Reinlichkeit, wenn Sie mit Kleinkindern zum Beispiel nach Asien reisen.[52]

KAPITEL 4

Rezepte: 6–8 Monate

- Das Kind sollte jetzt mit Essen beginnen, sofern es das noch nicht tut (siehe Seite 40).
- Das Kind zeigt meist auch Interesse am Essen, indem es neugierig schaut und sich danach streckt. Bieten Sie dem Kind abwechslungsreiche Mahlzeiten mit verschiedenen Geschmacksrichtungen und unterschiedlicher Konsistenz an (siehe Seite 25 und 33).
- Das Kind sollte etwa 2–4 Mahlzeiten am Tag zu sich nehmen.
- Die Mahlzeiten des Kindes können nun auf dem Familienessen basieren.
- Die Mahlzeiten in diesem Zeitraum können Brei, Mus, gekochtes oder gebackenes Gemüse oder Obst sein (siehe Seite 41).
- Das Kind kann jetzt mit zerdrücktem oder püriertem Fisch, Geflügel und Fleisch bekannt gemacht werden.
- Das Kind kann jetzt auch gelegentlich Pasta, Reis, Bohnen und Linsen erhalten.
- Zum Ende dieses Zeitraums, wenn das Kind zu kauen beginnt, kann es Essen in kleinen weichen Stücken erhalten. Nun kann das Kind außerdem mit fein geriebenem Obst und Gemüse beginnen.
- Das Kind trinkt immer noch Muttermilch, Säuglingsanfangsnahrung – jetzt zwischen den Mahlzeiten – und kann auch schon versuchen, Wasser aus einer Tasse zu trinken (siehe Seite 41).
- Denken Sie daran, etwa 1 TL Fett in das Essen des Kindes zu mischen.

Sie kennen Ihr Kind am besten und sein Wohlgefühl und sein Appetit sind entscheidend dafür, wie schnell die Essentwicklung voranschreitet und wie viele Mahlzeiten es bekommt.

Rezepte

Haferbrei mit Birne und Vanille

WINTER – FRÜHLING – SOMMER – HERBST

2 Portionen

Ein echter Klassiker, mit dem viele aufgewachsen sind, hier mit etwas mehr Geschmack und Nährstoffen.

½ Birne • ¼ TL gemahlene Vanille • 50 g Haferflocken
1 EL ungesalzene Butter

Die Birne schälen, entkernen und klein würfeln. Die Würfel mit 200 ml Wasser in einen Topf geben und aufkochen. Die gemahlene Vanille hinzufügen und alles 10 Minuten köcheln lassen, bis die Birnenwürfel weich sind. Die Haferflocken in einen kleinen Topf geben und so viel Wasser angießen, bis sie damit bedeckt sind. Langsam unter ständigem Rühren aufkochen und dann köcheln lassen, bis die gewünschte Konsistenz erreicht ist. Den Herd ausstellen, den Topf aber darauf stehen lassen und die Butter in den Haferbrei rühren. Den Brei lauwarm abkühlen lassen und dann mit den weichen Vanille-Birnenstückchen bestreuen. Den Brei servieren, dabei beim Füttern mit kleinen Häppchen beginnen.

Lassen Sie das Baby den Brei anfassen und die Konsistenz spüren. Es kann so seine Neugier stillen und das Essen mit allen Sinnen wahrnehmen. Das erfordert nach dem Essen allerdings ein wenig Reinigungsarbeit.

Hat Ihr Kind gerade erst mit Essen angefangen, können Sie die Haferflocken auch zu Mehl vermahlen, am besten gleich 1 Handvoll Haferflocken, sodass Sie eine gute Portion Mehl vorrätig haben, wenn Sie den Brei zubereiten wollen. Das Kind wird jedoch schnell Brei aus ganzen Haferflocken essen können. Mixen Sie außerdem anfangs die Birne noch oder zerdrücken Sie sie mit einer Gabel, sodass die Konsistenz des Toppings für den Brei nicht zu grob ist.

To Go

WHAT'S INSIDE

Blumenkohlpüree mit Birnen

WINTER – FRÜHLING – SOMMER – HERBST

2–3 Portionen

Blumenkohl ist ein milder und vitaminreicher Kohl, dessen Konsistenz nicht klebrig wird, wenn er gemixt wird. Das daraus gekochte Püree wird luftig, körnig und dünn und ist deshalb eine gute Alternative zu anderen Püreesorten, beispielsweise Kartoffelpüree. Der Geschmack ist mild und nussig mit leicht bitter-süßlichem Aroma.

½ Kopf Blumenkohl • ½ Birne
1 TL ungesalzene Butter

Den Blumenkohl waschen, zuerst in kleine Stücke teilen und dann würfeln. Die Birne schälen, entkernen und in kleine Stücke schneiden. Den Blumenkohl und die Birne in einen kleinen Topf geben, mit Wasser bedecken und in 15 Minuten gar kochen. Anschließend abgießen und dabei eine Tasse von dem Kochwasser auffangen. Das Gemüse und das Obst mixen. Zuletzt mit der Butter vermengen und bis zur richtigen Konsistenz, die von der Essentwicklung des Kindes abhängig ist, löffelweise etwas Kochwasser untermixen.

Fischklößchen

WINTER – FRÜHLING – SOMMER – HERBST

10 Portionen (etwa 20–30 kleine Klößchen)

Fisch ist gut für Kinder und Erwachsene, da er Omega–3-Fettsäuren enthält, die besonders wichtig für die Entwicklung des Gehirns sind. Fischklößchen für kleine Kinder sind schnell und einfach zuzubereiten. Man kann sie auch gut einfrieren und für unterwegs mitnehmen.

400 g Fischfarce

Aus der Fischfarce mithilfe eines Löffels oder mit angefeuchteten Händen kleine Bällchen formen. Wasser in einem Topf aufkochen und die Fischklößchen darin etwa 7–10 Minuten garen; ein Klößchen ist für gewöhnlich gar, wenn es an die Oberfläche steigt. Aber testen Sie trotzdem, ob es wirklich durchgegart ist, indem Sie das Klößchen herausnehmen und aufschneiden. Ist es innen noch klebrig, muss es noch ein wenig weiterkochen.
Die Fischklößchen in kleinen, mundgerechten Stücken zusammen mit Gemüsebrei servieren.

Kürbispüree mit Dorschrogen

WINTER – FRÜHLING – SOMMER – HERBST

5 Portionen

Dieses Rezept ist ein schönes mild-süßes Spätsommer- oder Herbstessen. Das Kürbispüree bietet etwas mehr Geschmacksnuancen als anderer Brei, ohne aber das Kind zu überfordern. Der Geschmack von warmen Gewürzen und Olivenöl sowie der Duft des lauwarmen Pürees stimuliert die Sinne. Der Dorschrogen fügt mehr Geschmack und Nährstoffe hinzu, kann aber auch weggelassen werden. Dieses Rezept ergibt fünf Portionen, Sie können also einige davon für später einfrieren.

½ Hokkaido-Kürbis • ¼ kleine Zwiebel • Olivenöl zum Anschwitzen einige Zweige Thymian • 100 g Dorschrogen

Den Kürbis schälen, aufschneiden, entkernen und in kleinere Stücke zerteilen. Die Zwiebel abziehen, fein würfeln oder mit einem feinen Reibeisen zerkleinern und mit Öl sowie 1 EL Wasser in einem Topf goldgelb anschwitzen. Den Kürbis und den Thymian in den Topf geben und mit Wasser auffüllen, bis der Kürbis damit bedeckt ist. Alles 20 Minuten kochen oder bis der Kürbis weich ist. Die Thymianzweige herausnehmen, den Rest abgießen und dabei das Kochwasser auffangen. Die Kürbis-Zwiebel-Mischung zu einem gleichmäßigen Püree mixen und nach Bedarf etwas Kochwasser dazugeben, falls die Konsistenz zu dickflüssig ist. Den Dorschrogen mit einer Gabel zerdrücken und unter das Kürbispüree mischen.

Karotte, Apfel und etwas Zitrone können ebenfalls hinzugefügt werden und verleihen dem Püree eine süßsaure Note sowie natürlich jede Menge für das Kleine wichtige Nährstoffe. Außerdem kann das Gericht mit verschiedenen frischen Kräutern aromatisiert werden.

Dorschrogen kann im Prinzip unter alle Arten von Gemüsebrei gerührt werden.

Erbsenpüree

WINTER – FRÜHLING – SOMMER – HERBST

2 Portionen

Erbsen haben eine herrliche Süße und sind reich an Eiweiß und Ballaststoffen. Sie sind das perfekte Babyessen.

1 gute Handvoll frische oder TK-Erbsen
1 TL kalt gepresstes Rapsöl • ½ TL Butter

Die Erbsen mit Wasser in einen Topf geben, aufkochen und 1 Minute köcheln lassen. Anschließend etwas von dem Wasser abgießen, sodass die Erbsen gerade bedeckt sind. Beides mixen und zuletzt mit dem Öl und der Butter vermengen. Die Temperatur des Pürees vor dem Servieren prüfen, es sollte lauwarm oder kalt sein.

Bereiten Sie eine große Portion Erbsenpüree vor und frieren Sie sie in einer Eiswürfelform ein. So können Sie ab und zu Erbsenpüree und damit zusätzliche Nährstoffe zu einem Brei, Gemüse- oder Obstpüree hinzufügen.

To Go

Gerstotto mit Brennnessel

WINTER – FRÜHLING – SOMMER – HERBST

4 Portionen

Perlgraupen schmecken mit ihrer nussigen Note und einem Aroma, das kräftiger ist als normaler, weißer Reis, hervorragend in einem Brei. Sie sind außerdem sehr sättigend. Wenn die jungen Brennnesseln im Frühling aus dem Boden sprießen, ist das der perfekte Zeitpunkt, um einen cremigen Brei mit Perlgraupen und gehackten Brennnesseln zuzubereiten. Kinder können, wenn sie im Sommer kurze Hosen anhaben, schnell ein schwieriges Verhältnis zu Brennnesseln entwickeln (und oft aus gutem Grund!). Mit diesem Brei können Sie Ihren Kindern eine angenehmere und geschmackvollere Erfahrung mit diesen Pflanzen bieten.

1 Handvoll kleine Brennnesselblätter • 100 g Perlgraupen • 1 Zweig Rosmarin, Thymian oder Majoran • 200 g süße Sahne • 2 EL geriebener Parmesan

Die Blätter in einem Topf mit kochendem Wasser übergießen, 5–10 Sekunden ziehen lassen und dann abgießen. Die Blätter fein hacken. Die Perlgraupen nach Packungsanweisung in 400 ml Wasser gar kochen, anschließend abgießen und zurück in den Topf geben. Die Kräuter waschen, trockentupfen, die Blätter abzupfen und fein hacken. Mit der Sahne und den Brennnesselblättern zu den Perlgraupen hinzufügen. Alles unter Rühren langsam aufkochen, bis die Sahne dickflüssiger und cremig wird. Vom Herd nehmen und den Käse unter den Brei rühren.

Verwenden Sie ganz junge Pflanzen oder nur die obersten Blätter – die brennen nicht so stark – und pflücken Sie immer in Richtung »mit den Haaren«, d. h. von unten nach oben.

Lauchpüree mit Kartoffeln

WINTER – FRÜHLING – SOMMER – HERBST

4 Portionen (oder als Topping für ein anderes Gericht)

Dieses Püree hat einen für die Kleinen besonderen und interessanten Geschmack – eine leichte Süße, aber auch etwas Biss durch den Lauch.

2 Stangen Lauch • 1 Kartoffel • 1 TL ungesalzene Butter

Den Lauch waschen, längs halbieren, erneut waschen und in kleine Stücke schneiden. Die Kartoffel schälen, vierteln und mit dem Lauch in einen Topf geben. 100 ml Wasser hinzufügen und alles etwa 15 Minuten kochen. Die Kartoffelviertel herausnehmen und mit einer Gabel zu einem Mus zerdrücken. Den Lauch mit dem Kochwasser mixen und mit der Butter vermengen. Zuletzt das Lauchpüree mit dem Kartoffelmus verrühren.

Lauchpüree eignet sich gut als Topping für Gemüsepüree. Geben Sie beispielsweise einen Löffel davon auf Kürbis- oder Erbsenpüree.

To Go

Fleischklößchen vom Schwein und Kalb

WINTER – FRÜHLING – SOMMER – HERBST

30–40 Fleischklößchen

Fleischklößchen sind einfach zuzubereiten. Sie können auch leicht eingefroren werden und so als Back-up dienen, wenn Sie Gemüse mit babyfreundlichem Eiweiß anreichern wollen. Außerdem sind Fleischklößchen superlecker für unterwegs.

500 g Hackfleisch (Schwein und Kalb – oder anderes Fleisch, wie Hühnchen-, Puten- oder Rinderhack) • 1 Ei • 30 g Haferflocken • 30 ml Weizenmehl Type 405
½ TL frisch gemahlener Pfeffer • 1 Msp. zerstoßene Gewürznelken • 1 kleine Zwiebel

Das Hackfleisch mit dem Ei, den Haferflocken, dem Weizenmehl und den Gewürzen vermengen. Die Zwiebel abziehen, fein reiben und unter das Fleisch mengen. Aus der Masse mit einem Löffel oder den Händen kleine Klößchen formen, etwa so groß wie Kirschtomaten. Reichlich Wasser in einem Topf aufkochen und die Fleischklößchen darin in etwa 7–10 Minuten gar kochen; sie sind gar, wenn sie an die Oberfläche steigen. Probieren Sie trotzdem immer, ob die Fleischklöße gar sind; sie dürfen innen nicht mehr rosa sein. Ansonsten noch etwas weiterkochen lassen.

To Go

Klassischer Kartoffelstampf

WINTER – FRÜHLING – SOMMER – HERBST

3 Portionen

Kartoffeln sind ein wertvolles und gesundes Essen für die Kleinen. Sie sind eine wichtige Quelle für Vitamin C und Ballaststoffe[53]. Geben Sie deswegen Ihrem Kind oft Kartoffelstampf, zum Aufpeppen können Sie etwas Fleisch oder Gemüse darunterheben.

2–3 Kartoffeln • 1 TL ungesalzene Butter

Die Kartoffeln schälen und in einen kleinen Topf geben. Mit Wasser bedecken und die Kartoffeln mindestens 10–15 Minuten kochen, bis sie gar sind und mögliche Bakterien aus dem Erdreich aus dem Kartoffelanbau abgetötet sind. Die Kartoffeln abgießen und mit einer Gabel oder einem Kartoffelstampfer grob zerdrücken. Nicht mixen, denn dadurch bekommen sie eine Konsistenz, die sich etwas klebrig im Mund anfühlen kann. Die Butter unterheben und den Stampf etwas abkühlen lassen.

Sie können große Backkartoffeln oder kleine Kartoffeln verwenden. Wenn sie Saison haben, nutzen Sie die kleinen, neuen Kartoffeln, denn sie geben das »reinste« und am wenigsten bittere Geschmackserlebnis.

To Go

NAME:
WHAT'S INSIDE:

Smoothie mit Banane und schwarzer Johannisbeere

WINTER – FRÜHLING – SOMMER – HERBST

2 Portionen

Die meisten Kinder lieben Bananen, weil die eine herrlich milde Süße haben. Als Gegenspieler in Form von Säure haben wir hier schwarze Johannisbeeren hinzugefügt. Die Johannisbeeren sind säuerlich und haben ein deutliches Aroma, das die Sinne Ihres Kindes stimulieren kann. Sie können natürlich auch andere Beeren verwenden, wie Blaubeeren und Brombeeren. Beeren sind sehr gesund und besonders reich an Vitamin A, B, C und E.[54]

2 reife Bananen (lieber etwas überreif als zu hart) • 1 kleine Handvoll frische schwarze Johannisbeeren (oder Blaubeeren) • 1 TL Kokosöl

Die Bananen schälen. Die Beeren waschen und trockentupfen. Mit den Bananen und dem Kokosöl zu einem cremigen, glatten Smoothie mixen. Der Smoothie kann dann mit einem Löffel gefüttert oder dem Kind in einem befüllbaren Quetschbeutel angeboten werden.

Wenn Sie TK-Beeren verwenden, müssen diese 1 Minute kochen, um sicherzugehen, dass alle Krankheitskeime abgetötet sind (siehe *Gefrorene Beeren* im Baby-Lexikon, Seite 178).

To Go

FAMILIENGERICHT

Bei einem Familiengericht können alle das Gleiche essen – im Prinzip. Manche Gerichte müssen ein wenig an das Baby/Kleinkind angepasst werden.

Erbsensuppe mit gegrillten Scampi und Overnight-Brot

WINTER – FRÜHLING – SOMMER – HERBST

4 Personen (2 Erwachsene und 2 Kinder)

Eine schöne Sommermahlzeit für die ganze Familie – einfach, frisch und farbenfroh.

ERBSENSUPPE

3 Schalotten • 2 Äpfel • 3 Kartoffeln • ½ Brokkoli • 2 Knoblauchzehen Pflanzenöl zum Braten • 1 kg enthülste frische Erbsen (enthülsen Sie die Erbsen zum Beispiel mit den älteren Kindern, Sie können aber auch TK-Erbsen verwenden)

Die Schalotten abziehen, die Äpfel entkernen und schälen, die Kartoffeln ebenfalls schälen und alles würfeln. Den Brokkoli waschen und in Röschen teilen, den Strunk schälen und in kleine Stücke schneiden. Den Knoblauch abziehen und fein hacken oder durchpressen. Die Schalotten in Öl in einem Topf mit dickem Boden einige Minuten braten. Dann den Knoblauch dazugeben, unter Rühren weiterbraten, bis beide goldgelb sind, dabei nicht anbrennen lassen. Die Äpfel und die Kartoffeln dazugeben und mitbraten. Dann den Brokkoli, auch den zerkleinerten Strunk, hinzufügen. Mit Wasser auffüllen, bis alles bedeckt ist, und etwa 20 Minuten kochen lassen, bis die Kartoffeln gar sind. In den letzten 5 Minuten die Erbsen dazugeben. Abgießen und das Kochwasser auffangen. Die Mischung im Topf zu einer gleichmäßigen, cremigen Masse mixen. Dann in zwei Portionen aufteilen. Eine kleine dickflüssige ist für das Baby. Den Rest mit dem Kochwasser zu einer suppenartigeren Konsistenz verdünnen. >

GEGRILLTE SCAMPI

10 frische mittelgroße Scampi • weiche Butter • frische Kräuter • Salz frisch gemahlener Pfeffer • unbehandelte Zitronen zum Servieren

Die Scampi mit einem Küchenmesser in der Mitte zerteilen und den schwarzen Darm entfernen (informieren Sie sich zum Beispiel auf YouTube, wie Sie den Darm entfernen). Die Kaisergranate mit einer Mischung aus Butter und Kräutern bestreichen und mit Salz und Pfeffer abschmecken, dabei für das Kind keine Kräuter, Salz und Pfeffer verwenden. Auf einem Grill oder in einer heißen Pfanne kurz auf der Schnittseite anbraten. Alternativ können die Scampi in einer ofenfesten Pfanne im Backofen bei 200 °C 5–8 Minuten gegrillt werden, bis das Fleisch fest ist. Zitronen waschen, halbieren und ebenfalls grillen. Alles auf einer Platte anrichten, von der die ganze Familie sich bedienen kann. Vergessen Sie dazu nicht Servietten und Fingerschalen. Die Erwachsenen können das Gericht mit Salz und Pfeffer abschmecken.

Sind Scampi für Sie oder haben diese gerade keine Saison, können Sie gebratene oder gegrillte Garnelen verwenden.

OVERNIGHT-BROT

10 g Hefe • 100 g Haferflocken • 500 g Weizenmehl Type 405 • 200 g Vollkorn-Purpurweizenmehl (oder herkömmliches Vollkorn-Weizenmehl) 3 EL Olivenöl • Salz • 5 Zweige Rosmarin

Den Teig am Vortag vorbereiten, sodass er kalt gehen und besonders leckere Geschmacknuancen entwickeln kann. Dafür 700 ml Wasser in eine Schüssel geben und die Hefe darin auflösen. Die Haferflocken dazugeben und 5 Minuten einweichen lassen. Nach und nach das Weizen- und Vollkorn-Purpurweizenmehl dazugeben, bis ein fester, aber noch leicht klebriger Teig entsteht. Den Teig abgedeckt in den Kühlschrank oder geschützt nach draußen stellen und über Nacht gehen lassen.

Am nächsten Tag den Teig in eine mit Backpapier ausgelegte Backform geben. Mit dem Finger Löcher in die Oberfläche drücken. Den Teig mit dem Olivenöl beträufeln, mit ein wenig Salz bestreuen, dabei auf den Teil, der für das Kleinkind bestimmt ist, kein Salz streuen. Die gewaschenen und trockengetupften Rosmarinzweige darauflegen. Das Brot im Ofen bei 200 °C (Umluft) etwa 25 Minuten backen. Die Backzeit kann je nach Ofen unterschiedlich sein. Prüfen Sie, ob das Brot durchgebacken ist, indem Sie es umdrehen und auf den Boden klopfen. Hört es sich hohl an, ist das Brot fertig. Das Brot vor dem Servieren mindestens 30–60 Minuten ruhen lassen.

FÜR DAS KIND

6–8 Monate: Die Suppe servieren, wie sie ist. Die Scampi (ohne die Kräuter) dazugeben und zu einer cremigen Masse mixen. Oder lassen Sie das Kind die Scampi in kleineren, weichen Stücken essen, je nachdem, wie weit es in seiner Essentwicklung ist.

9–12 Monate: Die Suppe servieren, wie sie ist. Die Scampi können (ohne die Kräuter) in kleineren Stücken gegessen werden. Das Brot mit ungesalzener Butter dazu reichen.

1 Jahr+: Das Kind kann jetzt das Gleiche wie die übrige Familie essen, aber immer noch ohne die Kräuter. Die Scampi auch hier in mundgerechte Stücke schneiden, wenn sie dem Kind gegeben werden. Das Kind kann an dem Brot kauen.

FAMILIENGERICHT

Bei einem Familiengericht können alle das Gleiche essen – im Prinzip. Manche Gerichte müssen ein wenig an das Baby/Kleinkind angepasst werden.

Karottenfrikadellen mit Reissalat

WINTER- FRÜHLING – SOMMER – HERBST

4 Personen (2 Erwachsene und 2 Kinder)

Karotten sind gesund und reich an Vitaminen und Mineralstoffen. Sie enthalten viel Betacarotin, das im Körper zu Vitamin A umgewandelt wird. Betacarotin fungiert zudem als Antioxidant.[55]

KAROTTENFRIKADELLEN

10 Stück: 500 g Karotten • 1 Apfel • 1 Ei • 75 g Haferflocken • 100 g Mandelmehl (oder 75 g Weizenmehl Type 405) • Kokosöl zum Braten (oder Oliven- und Rapsöl)

Die Karotten und den Apfel schälen und beides fein reiben. Das Ei in einer Schüssel aufschlagen und die Karotten-Apfel-Mischung damit vermengen. Haferflocken und Mandelmehl dazugeben und aus der Masse zehn Frikadellen formen. Das Öl in einer Pfanne erhitzen und die Frikadellen bei mittlerer Temperatur auf jeder Seite 3 Minuten braten oder bis sie goldbraun sind.

REISSALAT

160 g Reis • ½ Salatgurke • 1 Bund Petersilie • 2 kleine rote Zwiebeln • 150 g Feta

Den Reis nach Packungsanweisung gar kochen. Anschließend eine Portion davon für das Baby beiseitestellen. Den Reis ganz abkühlen lassen. Die Gurke waschen und in dünne Scheiben schneiden, eventuell mit einem Gurkenhobel. Die Petersilie waschen, trockentupfen und die Blätter abzupfen. Die roten Zwiebeln abziehen. Beides fein hacken. Den Feta zerkrümeln. Alles mit dem kalten Reis vermengen. >

FÜR DAS KIND

6–8 Monate: Mixen Sie den Reis mit dem weichen Inneren der Frikadelle zu einer cremigen Masse und geben Sie nach Bedarf etwas Wasser hinzu, falls die Masse zu fest ist. Fügen Sie 1 TL Öl nach Wahl hinzu. Zum Ende des 6–8-Monate-Zeitraums können Sie dem Baby kleine Häppchen von dem weichen Inneren der Frikadellen und dem Reis geben.

9–12 Monate: Die Frikadelle in kleine Happen zerkleinern und dem Kind zusammen mit dem Reis geben. 1 TL Öl nach Wahl unter den Reis mischen.

1 Jahr+: Das Kind kann jetzt das Gleiche essen wie der Rest der Familie. Die Frikadelle jedoch in mundgerechte Stücke schneiden.

GRØNTSAGER

Spaghetti Bolognese

WINTER – FRÜHLING – SOMMER- HERBST

4 Personen (2 Erwachsene und 2 Kinder)

Ein echter Klassiker, der immer funktioniert – auch bei Babys. Er macht satt und ist schnell gemacht.

**2 Karotten • 1 Stange Sellerie (kann durch Zucchini ersetzt werden)
Basilikum (frisch oder getrocknet) • Thymian (frisch oder getrocknet)
2 Lorbeerblätter • 2 Schalotten • 3 Knoblauchzehen • Olivenöl zum Braten
1 EL roter Balsamico • 500 g Rindfleisch • 2 Dosen stückige Tomaten
200 g getrocknete Tomaten aus dem Glas (können durch frische ersetzt oder ganz weggelassen werden) • 200 ml Rotwein (für die Erwachsenen)
500 g Spaghetti • Parmesan zum Servieren**

Das Gemüse waschen, schälen und sehr fein würfeln. Alle frischen Kräuter waschen und trockentupfen. Schalotten und Knoblauch abziehen, sehr fein hacken und in etwas Öl in einem Topf mit dickem Boden unter Rühren braten, bis die Schalotten weich sind. Etwas Wasser, die Kräuter, Karotten, Stangensellerie und Balsamico dazugeben und alles etwas einkochen lassen. Das Fleisch hinzufügen und braun anbraten. Die stückigen Tomaten untermischen. Eine kleine Portion der Mischung abnehmen und in einen separaten Topf geben. Die getrockneten Tomaten grob hacken und zusammen mit dem Wein in die große Portion für die Erwachsenen geben. Die Saucenmischungen in beiden Töpfen bei niedriger Temperatur mindestens 1 Stunde köcheln lassen. Die Spaghetti nach Packungsanweisung gar kochen. Anschließend das Kochwasser abgießen und die Spaghetti mit der fertigen Bolognese-Sauce sowie etwas frisch geriebenem Parmesan servieren.
Kleinere Kinder mögen statt Spaghetti vielleicht lieber Penne oder Gemelli – verwenden Sie also diese, wenn Sie sie zu Hause haben. >

FÜR DAS KIND

6–8 Monate: Mixen Sie die Spaghetti/Pasta und Sauce zu einer cremigen Masse und verdünnen Sie diese nach Bedarf mit etwas Wasser, falls sie zu dickflüssig ist. Das Gericht enthält zwar schon Fett, aber fügen Sie noch 1 TL Olivenöl hinzu.

9–12 Monaten: Schneiden Sie die Spagetti/Pasta in kleine Stücke und zerdrücken Sie sie zusammen mit etwas Bolognese-Sauce mit einer Gabel. Das Gericht enthält zwar schon Fett, aber fügen Sie noch 1 TL Olivenöl hinzu.

1 Jahr+: Servieren Sie, falls verwendet, Penne/Gemelli ganz oder schneiden Sie, falls verwendet, Spaghetti in kleinere Stücke. Servieren Sie die Sauce dazu.

BABYESSEN UNTER BESONDEREN UMSTÄNDEN

Es werden Kinder überall auf der Welt geboren, mit unterschiedlichen Voraussetzungen. Krieg, Not und Armut verschwinden leider nicht, wenn ein kleiner Mensch zur Welt kommt. Deswegen gibt sehr viele Kinder, die ihre erste Mahlzeit in einem Kriegsgebiet bekommen oder unter sonstigen Umständen, in denen sie in ihrem Alltag Not leiden müssen.

Unter extremen Bedingungen heißt es in der Hauptsache, den Grundbedarf des Kindes zu decken, es geht nicht mehr darum, Gerichte mit visuellen Reizen oder mit variierender Konsistenz zuzubereiten. Letzteres spielt keine Rolle mehr, wenn man sein Kind kaum satt bekommt.

Das Welternährungsprogramm der UN liefert Nahrung für die am schwersten betroffenen Menschen und Kinder in der Welt.[56] Mit wenigen praktischen Hilfsmittel kann die UN lebenswichtige Nahrung, Vitamine und Mineralstoffe für kleine Kinder in unzugängliche Gegenden bringen. Das Essen für Kleinkinder besteht dabei für gewöhnlich aus eiweißreichem und stärkehaltigem Brei aus Bohnen, Linsen und Reis. Oft ist es auch eine Mischung aus Mais und Sojabohnen, da diese am längsten haltbar ist, sättigt und eine Süße hat, die selbst bei den Kleinsten den Appetit anregt, sodass sie das Essen auch annehmen. Die kleinsten Kinder bekommen außerdem einen dicken, klebrigen Riegel – Plumpy' Sup genannt –, eine Art mit Mais gesüßte Erdnussbutter, ein Nahrungsmittel mit einer festeren Konsistenz zum Kauen und Festhalten, das trotzdem schnell aufgelöst wird und einen süßen, fetten Geschmack hat. Damit ist es möglich, kleinen Kindern in Extremsituationen ein sicheres und effektives Nahrungsergänzungsmittel zu bieten.

Die UN schätzt, dass über 10 Millionen Kinder weltweit in verschiedenen Arten von Flüchtlingsunterkünften leben und einen Alltag erleben, der im Zusammenhang mit Krieg steht.[57] Esskultur und das geduldige Heranführen an Speisen und Zutaten haben hier keine Priorität. Und doch stellen gemeinsame und/oder geregelte Mahlzeiten eine Pause, eine Routine dar und vermitteln möglichst auch ein Gefühl von Normalität.

KAPITEL 5

Rezepte: 9–12 Monate

- Das Kind ist jetzt auf andere Dinge als auf das Essen neugierig. Zwingen Sie es nicht dazu. Es wird schon essen, wenn es Hunger hat.
- Das Kind isst jetzt 5–6 Mahlzeiten am Tag, basierend auf den Mahlzeiten der Familie (siehe Seite 41).
- Sorgen Sie für abwechslungsreiches Essen.
- Der Speiseplan des Kindes besteht jetzt hauptsächlich aus Brei, Gemüse, Fisch, Geflügel, Fleisch und Brot mit Belag.
- Sie können Ihr Kind jetzt an Sauermilchprodukte wie Joghurt, Dickmilch oder Quark heranführen (siehe Seite 42).
- Bieten Sie dem Kind weiterhin verschiedene Geschmacksrichtungen und Konsistenzen an.
- Geben Sie dem Kind kleine, mundgerechte und weiche Happen, sodass es sich nicht am Essen verschluckt (siehe Seite 41).
- Das Kind kann jetzt langsam üben, selbst mit einer Gabel zu essen.
- Fügen Sie den Mahlzeiten Ihres Kindes etwa 1 TL Fett zu.
- Das Kind trinkt noch Muttermilch oder Säuglingsanfangsnahrung sowie Wasser aus einer Tasse (siehe Seite 42).

Rezepte

Karottenbrötchen

WINTER – FRÜHLING – SOMMER – HERBST

10–14 Stück

Leckere, weiche Karottenbrötchen für den kleinen Hunger. Auch praktisch für unterwegs.

30 g Hefe • 40 g ungesalzene, weiche Butter
600 g Weizenmehl Type 405 + mehr zum Arbeiten • 4 Karotten • 2 Eier

300 ml Wasser in einem Topf leicht erwärmen, die Hefe darin auflösen und dann die Mischung in eine große Schüssel gießen. Die Butter und anschließend das Mehl dazugeben und alles zu einem geschmeidigen, glatten Teig kneten. Den Teig 1 Stunde an einem warmen Ort ruhen lassen. Die Karotten schälen und fein reiben. Den fertig gegangenen Teig auf die bemehlte Arbeitsfläche legen. In die Mitte des Teiges eine Mulde drücken, die Eier in die Mulde aufschlagen und die geriebenen Karotten hineingeben. Die Ränder des Teiges darüberfalten und alles verkneten. Es wird etwas klebrig und »rustikal«, aber so soll es sein!

Den Teig ein wenig flach drücken und kreuz und quer mit einem Brotspatel oder einem Küchenmesser einschneiden. Er sollte gerade noch zusammenhalten und sich fast wie feuchtes Hackfleisch anfühlen. Anschließend aus dem Teig 10–14 Brötchen abstechen und diese vorsichtig auf ein mit Backpapier ausgelegtes Backblech setzen. Die Brötchen etwa 30 Minuten ruhen lassen und dann im Backofen bei 200 °C 15 Minuten backen, bis sie goldgelb sind. Vor dem Servieren abkühlen lassen.

To Go

Brotsuppe mit Malzbier, Orange und warmen Gewürzen

WINTER – FRÜHLING – SOMMER – HERBST

2–3 Portionen

Brotsuppe ist ein traditionelles dänisches Gericht. Viele Dänen haben vielleicht schlechte Kindheitserinnerungen an die Pulverversion, aber wenn man die Suppe richtig und mit guten Zutaten, wärmenden Gewürzen und etwas Geduld zubereitet, ergibt sie ein leckeres Frühstück für die ganze Familie. Bei dieser Variante sorgen Orangen für etwas Süße, Säure und Bitterkeit.

150 ml alkoholfreies Malzbier • Saft von ½ Orange • ein wenig Abrieb einer unbehandelten Orange • 1 Msp. gemahlene Gewürznelken
1 Msp. gemahlener Piment • 1 Msp. gemahlener Kardamom
2 Scheiben Roggenbrot ohne Körner • 1 TL ungesalzene Butter
geschlagene Sahne oder 1 reife kleingewürfelte Birne zum Servieren

Das Malzbier mit dem Orangensaft, dem Orangenabrieb und den Gewürzen mischen. Das Brot mit so viel von der Biermischung übergießen, dass es ganz bedeckt ist, und mindestens 6 Stunden ziehen lassen. Wenn das Brot alles aufgesaugt hat, kann noch etwas nachgefüllt werden. Anschließend die Brotmasse in einen Topf geben und aufkochen. Die Temperatur reduzieren und die Masse etwa 30 Minuten köcheln lassen, bis sie eine cremige Konsistenz hat. Falls sie zu fest ist, mit etwas Wasser verdünnen. Die Butter unter die lauwarme Brotsuppe rühren. Zum Schluss etwas geschlagene Sahne oder Birnenwürfel daraufgeben und servieren.

Avocado-Smoothie

WINTER – FRÜHLING – SOMMER – HERBST

2 Portionen

Ein gesunder und nahrhafter Smoothie mit hoher Energiedichte – perfekt als Zwischenmahlzeit.

1 reife Avocado • 1 reife Banane • 1 TL Zitronensaft • 100 ml naturtrüber Apfelsaft • Olivenöl oder Leinöl

Das Fruchtfleisch aus der Avocado lösen und die Banane schälen. Beides mit den restlichen Zutaten zu einer Creme mixen. In einem Schälchen mit einem Löffel servieren oder in einen Quetschbeutel füllen.

Der Smoothie kann auch mit Stiel in Förmchen eingefroren werden und als Avocado-Eis genossen werden.

To Go

Gnocchi mit Kürbis

WINTER – FRÜHLING – SOMMER – HERBST

Ca. 40 Gnocchi (2 Erwachsene und 2 Kinder)

GNOCCHI

½ kg Kartoffeln • 1 Ei • 200 g Weizenmehl Type 00 (oder herkömmliches Weizenmehl Type 405) + mehr zum Arbeiten • 100 g Hartweizengrieß + mehr zum Arbeiten • Salz

KÜRBIS

½ Hokkaido-Kürbis • einige Zweige Thymian zum Marinieren • Olivenöl zum Marinieren • frisch gemahlener Pfeffer • 125 g Ricotta

Für die Gnocchi die Kartoffeln schälen und in ungesalzenem Wasser weich kochen.
Für den Kürbis den Hokkaido gründlich waschen (so kann die Schale auch gegessen werden), aufschneiden und entkernen. Das Fruchtfleisch in kleinere Stücke schneiden. Die Thymianzweige waschen, trockentupfen und mit dem Öl und etwas Pfeffer mischen. Den Kürbis in der Marinade wenden und dann auf ein Blech legen. Die Stücke im Backofen bei 180 °C etwa 20 Minuten backen oder bis sie weich sind und mit einer Gabel zerdrückt werden können. Die Thymianzweige entfernen.

Die Kartoffeln abgießen und etwas abkühlen lassen. Anschließend stampfen, das Ei sowie das Mehl hinzufügen und gründlich auf der Arbeitsfläche zu einem Teig kneten, dabei den Hartweizengrieß und nach Bedarf noch ein wenig Weizenmehl einarbeiten, bis der Teig geschmeidig und weich ist. Dann zu einer langen Rolle formen.
Die Kürbisstücke mit dem Ricotta und etwas Marinade aus dem Backblech zu einer Sauce mixen. Die Teigrolle in mundgerechte Stücke zerteilen, eventuell über ein Gnocchi-Brett rollen, und in etwas Hartweizengrieß wenden. Die Gnocchi in kochendes, gesalzenes Wasser geben und 2–3 Minuten köcheln lassen, bis sie an die Oberfläche steigen. Dann noch etwa 1 Minute köcheln lassen. Anschließend die Gnocchi herausnehmen und in einer Schüssel mit der Kürbissauce vermengen. Vor dem Servieren leicht abkühlen lassen.

To Go

Bananen-Pancakes mit Blaubeeren

WINTER – FRÜHLING – SOMMER – HERBST

12–15 kleine Pancakes

Eine nahrhafte Mahlzeit, die sich zum Essen mit den Händen und für unterwegs eignet.

80 g Blaubeeren • 2 große reife Bananen • 60 g Weizenmehl Type 405
50 g Haferflocken • 3 Eier • ½ TL gemahlene Vanille • Kokosöl zum Braten

Die Blaubeeren waschen und trockentupfen. Die Bananen schälen. Alle Zutaten (außer Blaubeeren und Kokosöl) zu einem gleichmäßigen Pfannkuchenteig mixen. Eine Pfanne erhitzen, dann die Temperatur reduzieren. Das Kokosöl in der Pfanne erwärmen. Den Teig in kleinen Portionen hineingeben und mit Blaubeeren bestreuen. Auf beiden Seiten so lange zu Pancakes ausbacken, bis sie ganz durch sind.

Die Pancakes können natürlich auch ohne Blaubeeren zubereitet werden.

To Go

Bananeneis am Stiel

WINTER – FRÜHLING – SOMMER – HERBST

1 Portion

Einfach zuzubereiten und geht immer. Wenn Ihr Kind Bananen liebt und gerade zahnt, etwas kränklich ist oder einfach etwas Kühles in der Sommerhitze braucht, ist Bananeneis etwas, was in der Regel funktioniert. Das Kind kann selbst an dem Eis lutschen.

1 (am besten sehr reife) Banane • 1 Eisstiel

Die Banane schälen, auf den Eisstiel stecken und in den Tiefkühlschrank legen. Sobald sie durchgefroren ist, ist sie verzehrfertig.
Das Eis zum Servieren eventuell mit Pulver aus zerstoßenen, getrockneten Blüten von z. B. Hibiskus oder Rose bestäuben.

Machen Sie gleich mehr von dem Bananeneis und bewahren es im Tiefkühlschrank auf Vorrat auf. Tiefgefrorene Bananen können auch im Mixer zu leckerem, cremigem Softeis verarbeitet werden.

Buttermilchcreme mit Orangen-Granita

WINTER – FRÜHLING – SOMMER – HERBST

4 Portionen

Ein leckeres, kleines Dessert. Die Zubereitung geht schnell und ergibt eine frische, cremige Nachspeise mit wenig Zucker, die Kindern (und Erwachsenen) schmeckt. Sie wird in kleinen Schälchen oder Gläsern serviert. Wer kein rohes Eigelb verwenden möchte, lässt es weg, die Creme schmeckt trotzdem köstlich.

BUTTERMILCHCREME
1 TL Vanillezucker • 1 sehr frisches Eigelb • 500 ml Buttermilch
500 g Dickmilch • etwas Zitronensaft • 1 Blatt Gelatine

ORANGEN-GRANITA
Saft von 3–4 Orangen

Für die Buttermilchcreme den Vanillezucker und das Eigelb schaumig schlagen. Die Buttermilch, die Dickmilch und den Zitronensaft unterrühren. Alternativ das Eigelb weglassen und den Vanillezucker direkt mit der Buttermilch, der Dickmilch und dem Zitronensaft verrühren. Die Buttermilchmischung in den Kühlschrank stellen.

Für die Orangen-Granita den Orangensaft in eine Schüssel abseihen. Die Schüssel mit dem Saft für mindestens 2 Stunden in den Tiefkühlschrank stellen.

Die Gelatine für 5 Minuten in kaltes Wasser legen. Dann das Blatt ausdrücken, in eine Schale legen und die Gelatine über einem warmen Wasserbad auflösen. Anschließend ein paar Löffel der Buttermilchcreme dazugeben und vorsichtig unterrühren. Die Schale aus dem Wasserbad nehmen und den Rest der Creme unter Rühren mit der Mischung in der Schale vermengen.

Die Creme in kleine Schälchen oder Gläser füllen und etwa 1 Stunde kalt stellen. Kurz vor dem Servieren die Granita aus dem Tiefkühlschrank nehmen und mit einer Gabel durchziehen, um »Orangenschnee« zu erzeugen. Diesen kurz vor dem Servieren auf die Buttermilchcreme geben.

Roggenbrot-Häppchen mit Belag

WINTER – FRÜHLING – SOMMER – HERBST

1 Portion

Ein total unverzichtbares Babyessen sind kleine Roggenbrot-Häppchen. Bei den Belagvarianten setzen nur die Fantasie und die Essentwicklung des Kindes Grenzen.

1 Scheibe Roggenbrot ohne Körner

VORSCHLÄGE FÜR DEN BELAG

gekochte Kartoffeln • zerdrücktes Avocado-Fruchtfleisch • gekochte zerdrückte Erbsen • zerdrückte Beeren • geriebene Karotte • gekochte, zerdrückte Süßkartoffel • Weichkäse (z. B. Ziegenkäse) • Hummus • Eiersalat • Dorschrogen Makrele • Leberpastete • kleine Stücke gekochtes/gebratenes Hähnchen kleine Stücke gehackte Tomate • Frikadellen aus Fleisch, Fisch oder Gemüse

Das Roggenbrot in so kleine Häppchen schneiden, dass das Kind sie selbst in die Hand nehmen und den sogenannten Pinzettengriff üben kann (der Griff, bei dem das Kind Zeigefinger und Daumen benutzt, um etwas zu greifen). Dann ein wenig Fett in Form von ungesalzener Butter, Kokosöl oder Mayonnaise (in manchen Mayonnaisen kann jedoch der Zucker- und Salzgehalt recht hoch sein) auf das Brot streichen und nach Geschmack belegen.

To Go

Hühnchenfrikadellen mit Apfel, Karotte und Zwiebel

WINTER – FRÜHLING – SOMMER – HERBST

10 große oder 30–40 kleine Frikadellen

Leckere Frikadellen, die sich auch gut als kleiner Snack, zerkleinert in einem Gemüsebrei oder als Fleischbeilage zum Abendessen eignen. Sie können gleich eine größere Portion Frikadellen zubereiten und für später einfrieren. Wenn sie die Variante mit den großen Frikadellen wählen, dann schneiden Sie sie für das Kind in kleinere, mundgerechte Stücke.

1 Apfel • 1 Karotte • 1 Zwiebel • 1 Knoblauchzehe • 500 g Geflügelhack
1 Ei • 50 g Haferflocken

Den Backofen auf 200 °C (Umluft) vorheizen. Den Apfel und die Karotte schälen. Die Zwiebel und den Knoblauch abziehen. Karotte, Apfel und Zwiebel fein reiben, den Knoblauch ebenfalls fein reiben oder mithilfe einer Knoblauchpresse zerkleinern. Alles mit dem Hühnchenfleisch vermengen. Dann das Ei und die Haferflocken unterheben. Aus der Masse Frikadellen formen und für 20 Minuten in den Kühlschrank stellen.
Anschließend die Frikadellen auf ein mit Backpapier ausgelegtes Blech legen und im vorgeheizten Ofen etwa 20–25 Minuten backen, bis sie goldbraun sind. Testen Sie, ob die Frikadellen durchgegart sind, indem Sie eine zerteilen und prüfen, ob das Fleisch hellbraun ist. Um eine eventuelle Salmonellenvergiftung zu vermeiden, darf das Fleisch keinesfalls noch rosa sein. Ansonsten noch weiter backen.

FAMILIENGERICHT

Bei einem Familiengericht können alle das Gleiche essen – im Prinzip. Manche Gerichte müssen ein wenig an das Baby/Kleinkind angepasst werden.

Lachs mit Taboulé, Spargel und Himbeeren

WINTER – FRÜHLING – SOMMER – HERBST

4 Personen (2 Erwachsene und 2 Kinder)

Eine schöne Sommermahlzeit, die je nachdem, was Sie im Kühlschrank haben, auch verändert werden kann. Variieren Sie Fisch, Gemüse und Couscous.

GEBACKENER LACHS MIT GEMÜSE

600–800 g Lachsfilet ohne Haut • Olivenöl zum Beträufeln • Salz • frisch gemahlener Pfeffer • 3 Zwiebeln • ½ Bund Spargel • 2 Handvoll Erbsen • 1 unbehandelte Zitrone

Den Backofen auf 220 °C (Umluft) vorheizen. Den Lachs in eine ofenfeste Form geben, mit etwas Olivenöl beträufeln und mit Salz sowie Pfeffer bestreuen, dabei das Stück Lachs für die Kleinen nicht salzen und pfeffern. Die Zwiebeln abziehen und längs aufschneiden. Den Spargel waschen, von den holzigen Enden befreien und ggf. schälen. Die Zwiebeln mit den Erbsen und dem Spargel zum Lachs geben. Die Zitrone waschen, in Scheiben schneiden und auf den Lachs legen. Alles im vorgeheizten Ofen etwa 10–15 Minuten backen.

TABOULÉ

200 g Couscous (alternativ z. B. Perlgraupen oder Kochweizen) • 1 Bund grüner Spargel 2 Handvoll Himbeeren • 200 g frische Erbsen in der Schote • Für das Dressing: Olivenöl • Saft und Abrieb von 1 unbehandelten Zitrone • 1 TL Sesamöl • Zucker

Couscous nach Packungsanweisung gar kochen. Anschließend eine Portion davon für das Baby beiseitestellen. Den Spargel waschen, von den Enden befreien und ein paar Minuten in kochendem Wasser garen. Anschließend in etwa 2 cm lange Stücke schneiden. Die Himbeeren waschen und trockentupfen, die Erbsen enthülsen. Ein Dressing aus Olivenöl, Zitronensaft, -abrieb und Sesamöl herstellen und mit etwas Zucker abschmecken. Die vorbereiteten Zutaten zu einem Taboulé-Salat vermengen und das Dressing darübergeben. >

FÜR DAS KIND

6–8 Monate: Couscous und Lachs mit 1 TL Fett zu einer cremigen Masse vermischen.

9–12 Monate: Couscous mit kleinen Stücken Lachs und 1 TL Fett servieren.

1 Jahr+: Couscous mit kleinen Stücken Lachs servieren.

Die Eltern schmecken das Gericht auf ihren Tellern selbst mit Salz und Pfeffer ab.

FAMILIENGERICHT

Bei einem Familiengericht können alle das Gleiche essen – im Prinzip.
Manche Gerichte müssen ein wenig an das Baby/Kleinkind angepasst werden.

Seehecht mit Zucchini-Nudeln, Cashewcreme und roten Johannisbeeren

WINTER – FRÜHLING – SOMMER – HERBST

4 Personen (2 Erwachsene und 2 Kinder)

Zucchini-Nudeln sind einfach, lecker und gesund. Hier werden sie mit herkömmlichen Spaghetti gemischt, um ein zusätzliches sättigendes Element hinzuzufügen.

ZUCCHINI-NUDELN

2 Zucchini (eventuell 1 gelbe und 1 grüne nach Wahl) • 300 g Spaghetti
100 g rote Johannisbeeren

CASHEWCREME

1 Knoblauchzehe • 150 g Cashewnusskerne (ungesalzen) • 2 EL Olivenöl extra vergine
Saft und Abrieb von 1 unbehandelten Zitrone • Salz • frisch gemahlener Pfeffer

GEDÄMPFTER SEEHECHT

800 g Seehecht (alternativ z. B. Kabeljau) • 1 unbehandelte Zitrone
25 g ungesalzene Butter • Salz • frisch gemahlener Pfeffer

Den Backofen auf 200 °C vorheizen. Für die die Zucchini-Nudeln die Zucchini waschen und mit einem Spiralschneider oder einem einfachen Kartoffelschäler in Nudelform schneiden und beiseitestellen. Für die Cashewcreme den Knoblauch abziehen, mit den Cashewnusskernen, dem Olivenöl, dem Zitronensaft und -abrieb sowie 2 EL Wasser in eine Schüssel geben und mit einem Stabmixer zu einer cremigen Masse mixen. Falls nötig, nach und nach mehr Wasser hinzufügen, bis eine cremige Konsistenz erreicht ist. Eine Portion davon für das Baby beiseitestellen. Die restliche Creme mit Salz und Pfeffer abschmecken. >

Für den gedämpften Seehecht den Fisch in eine mit Backpapier ausgelegte ofenfeste Form legen. Die Zitrone in dünne Scheiben schneiden, die Kerne entfernen und die Zitrone auf den Fisch legen. Die Butter in kleine Stücke schneiden und darüber verteilen. Mit Salz und Pfeffer bestreuen, außer die Stücke für die Kleinen. Den Fisch im vorgeheizten Ofen 10–15 Minuten backen.

Die Spaghetti nach Packungsanweisung gar kochen. Anschließend das Kochwasser abgießen und die Spaghetti mit den Zucchini-Nudeln und der Cashewcreme mischen, am einfachsten geht das mit den Händen. Die Zucchini-Nudeln dabei nicht zu stark drücken, damit das Gericht nicht wässrig wird. Die Johannisbeeren waschen, trockentupfen und darüberstreuen. Den Fisch zu den Zucchini-Nudeln servieren.

FÜR DAS KIND

6–8 Monate: Mixen Sie die rohen Zucchini zusammen mit den Cashewnüssen zu einer cremigen Masse. Zerdrücken Sie den gebackenen Fisch mit einer Gabel, zerdrücken Sie bei Bedarf auch die normalen Spaghetti ein wenig mit einer Gabel, und heben Sie den Fisch und die Spaghetti unter die Zucchini-Nuss-Sauce. Mit 1 TL ungesalzener Butter vermengen.

9–12 Monate: Schneiden Sie die Zucchini-Nudeln und die normalen Spaghetti in kleinere Stücke von ca. 1 cm Größe. Fügen Sie 1 TL Fett hinzu. Verwenden Sie die Cashewcreme als Dip und schneiden Sie den Fisch in kleine Stücke.

1 Jahr+: Schneiden Sie den Fisch in kleine Stücke, die Ihr Kind mit einer Gabel oder mit den Fingern essen kann. Die Zucchini-Nudeln und die normalen Spaghetti können von 1-Jährigen gegessen werden, wenn beide »Pasta«-Sorten in kleinere Stücke von 1–2 cm geschnitten sind.

FAMILIENGERICHT

Bei einem Familiengericht können alle das Gleiche essen – im Prinzip. Manche Gerichte müssen ein wenig an das Baby/Kleinkind angepasst werden.

Hähnchen mit holunderblütenmariniertem Gemüse und Rhabarber-Chutney

WINTER – FRÜHLING – SOMMER – HERBST

4 Personen (2 Erwachsene und 2 Kinder)

Brathähnchen ist in vielen Familien ein Klassiker. Und mit leckeren Beilagen schmeckt es einfach noch mal so gut! Die Zutaten können Sie je nach Essentwicklung der Kinder auf viele verschiedene Arten kombinieren.

CHUTNEY

3–4 Stangen Rhabarber • 2 Zwiebeln • 200 ml Apfelessig • 3 EL Zucker + mehr zum Abschmecken • 1 EL Rosinen • Zitronensaft zum Abschmecken

MARINIERTES GEMÜSE

50 ml Holunderblütensaft (oder frische Holunderblüten, wenn Saison ist) Saft und Abrieb von 1 unbehandelten Zitrone • 3 EL Olivenöl • 1 Zucchini 1 Bund junge Karotten • 3 Frühlingszwiebeln

HÄHNCHEN

1 Hähnchen (etwa 1,5 kg) • Olivenöl zum Einreiben • Salz • frisch gemahlener Pfeffer • einige Zweige Rosmarin und Thymian

KARTOFFELN

1 Knoblauchzehe • ½ Bund Liebstöckel • 500 g Butterkartoffeln • Salz

Für das Chutney die Rhabarberstangen waschen, schälen und in etwa 2 cm große Stücke schneiden. Die Zwiebeln abziehen und in dünne Ringe schneiden. >

Rhabarber, Zwiebeln, Apfelessig und Zucker in einen Topf geben und aufkochen. 10–15 Minuten köcheln lassen, bis die Mischung eine leicht dicke Konsistenz hat. Die Rosinen hinzufügen und alles gut umrühren. Das Chutney mit Zucker und Zitronensaft abschmecken, in eine Schüssel geben und im Kühlschrank abkühlen lassen.
Für das Hähnchen den Backofen auf 190 °C vorheizen.
Für das marinierte Gemüse den Holunderblütensaft mit dem Zitronensaft, -abrieb und Öl zu einer Marinade mischen. Die Zucchini, die Karotten und die Frühlingszwiebeln waschen. Die Zucchini der Länge nach in kleine Stäbchen schneiden, die Karotten sowie die Frühlingszwiebeln der Länge nach halbieren. Alles in der Marinade wenden und 10 Minuten ziehen lassen.
Das Hähnchen mit einem großen Küchenmesser oder Brotmesser auf der Rückseite aufschneiden, sodass es flach mit der Brustseite nach oben hingelegt werden kann. Das Hähnchen gut mit Öl einreiben und auf beiden Seiten mit Salz und Pfeffer bestreuen. Thymian und Rosmarin waschen, trockentupfen, Blätter bzw. Nadeln abzupfen und diese grob hacken. Gleichmäßig auf beiden Seiten des Hähnchens verteilen.
Das marinierte Gemüse auf ein tiefes Backblech verteilen und das Hähnchen mit der Brustseite nach oben darauflegen. Das Hähnchen im vorgeheizten Ofen 30 Minuten backen. Dann die Temperatur für 10 Minuten auf 220 °C erhöhen, damit das Hähnchen und das Gemüse eine schöne Kruste erhalten. Anschließend das Blech herausnehmen, das Hähnchen auf ein Schneidbrett legen und 5–10 Minuten ruhen lassen.
Für die Kartoffeln den Knoblauch abziehen und zerdrücken. Den Liebstöckel waschen und trockentupfen. Die Butterkartoffeln waschen und mit dem Knoblauch und dem Liebstöckel in einen Topf mit Salzwasser geben. Etwa 20 Minuten kochen. Dann mit einer Gabel prüfen, ob die Kartoffeln gar sind, falls nicht, weiter gar kochen. Anschließend abgießen und Knoblauch sowie Liebstöckel entsorgen.

FÜR DAS KIND

6–8 Monate: Mixen Sie die gebackenen Zucchini, Karotten und etwas Hähnchenfleisch ohne die salzige Haut. Geben Sie 1 TL ungesalzene Butter oder anderes Fett hinzu und vermischen Sie alles mit ein wenig von dem Inneren der gebackenen Zwiebeln.

9–12 Monate: Würfeln Sie Zucchini, Karotten, Kartoffeln und etwas Hähnchenfleisch ohne die salzige Haut klein. Geben Sie 1 TL ungesalzene Butter oder Olivenöl dazu und vermischen Sie alles mit ein wenig von dem Inneren der gebackenen Zwiebel.

1 Jahr+: Geben Sie dem Kind einen Hähnchenschenkel, den es selbst essen kann, oder schneiden Sie das Fleisch ohne die salzige Haut in kleinere Stücke. Schneiden Sie bei Bedarf ebenfalls die Karotten und Kartoffeln in mundgerechte Stücke. Lassen Sie die älteren Kinder auch vom Rhabarber-Chutney probieren.

WIE ISST DAS BABY?

Alle Kinder essen auf die gleiche Weise – mit dem Mund. Aber die Eltern und die Kultur, in der das Kind aufwächst, beeinflussen es dabei: Lernt das Kind, mit einem Löffel zu essen, mit den Händen, auf einem Schoß oder auf einem Hochstuhl? Die Antworten hängen davon ab, wo auf der Welt das Kind geboren wird und zu welcher Esskultur es gehört. Und wie sitzen die Kinder beim Essen? Viele Eltern beginnen normalerweise damit, das Kind auf ihrem Schoß zu füttern, weil der Rücken des Kindes noch nicht stark genug ist, um auf einem Hochstuhl zu sitzen. Sobald der Rücken des Kindes stark genug ist, wird es oft in einen Hochstuhl gesetzt, in dem es essen kann – zumindest hier in Westeuropa. In anderen Teilen der Welt bleibt das Kind dagegen noch länger auf dem Schoß der Eltern. Die »Sitzkultur« wirkt sich tatsächlich auf die Essensaufnahme und das Erlebnis des Kindes mit der Mahlzeit aus. Wenn es schlecht auf einem ergonomisch nicht korrekten Stuhl sitzt, kann es passieren, dass es nicht lange am Tisch sitzen möchte. Wenn andererseits das Kind in einem ergonomisch korrekten Hochstuhl mit guter Bein- und Fußstütze und damit gut durchbluteten Unterschenkeln sitzt, hat es ein besseres Esserlebnis.[58]

Viele Eltern füttern das Kind zu Beginn mit dem Löffel. Es gibt aber auch Trends wie die breifreie Beikost (Baby-led Weaning), bei dem die Kinder mit den Händen essen dürfen, ohne dass die Eltern mit dem Löffel helfen. Dabei kann das Kind das Essen spüren und bis zu einem gewissen Grad die Aufnahme und Auswahl des Essens steuern. Die Methode hat Vor- und Nachteile. Der Vorteil ist, dass das Kind die Nahrung wirklich wahrnimmt. Der Nachteil kann sein, dass es schwierig ist, die Nahrungsaufnahme zu kontrollieren und die richtige Aufnahme von Nährstoffen sicherzustellen.

Wie Kinder sitzen und essen, ist somit kulturell gesteuert und hat sich im Laufe der Geschichte entwickelt. So schreibt die dänische Benimmexperin Emma Gad im Jahr 1918:

»Achten Sie besonders während des Schulbesuchs gut auf die Ernährung Ihrer Kinder. Schulkinder leben viel zu sehr von Trockenkost. Sie essen kein Mittagessen zu Hause und bekommen nur ein kleines Sandwich als Ersatz. Die Hauptmahlzeit des Tages, das Abendessen, erhalten Sie bei der jetzigen späten Essenszeit erst kurz vor dem Schlafengehen. Geben Sie den Kindern deshalb etwas Solides und Warmes, sowohl bevor sie zur Schule gehen als auch wenn sie von dort nach Hause kommen.

Wirken Sie dem angeborenen wählerischen Charakter Ihrer Kinder nicht in hohem Maße entgegen und zwingen Sie sie nicht auf altmodische Weise, das zu essen, was ihnen auf den Teller gegeben wird. Zum einen haben sie sich nicht selbst aufgetan wie die Erwachsenen und zum anderen kann die starke und nicht zu unterdrückende Abneigung eines Kindes gegen das Essen auf einen physischen Widerstand gegen dessen Zutaten zurückzuführen sein. Oder das Gegenteil kann der Fall sein. Wenn Kinder z. B. eine sehr starke Neigung zu sauer und süß haben, liegt dies wahrscheinlich daran, dass etwas in ihrem Körper diese Geschmackseigenschaften erfordert.
Bringen Sie Ihren Kindern bei, zu essen, ohne etwas auf sich selbst oder die Tischdecke zu kleckern, und zu trinken, ohne den Inhalt des Glases zu schlürfen. Lassen Sie die Kinder von klein auf am Tisch sitzen, um zu lernen, wie man hübsch ordentlich isst. Die wichtigsten Regeln für das Essen, die Kinder lernen sollten, sind folgende:

»Stecke niemals das Messer in den Mund.
Schmatze nicht.
Sprich nicht mit vollem Mund.
Zeige erst Interesse an den hereingetragenen Gerichten, wenn sie angeboten werden.
Greife nicht auf das Gedeck der Tischnachbarn.
Nimm kleine Bissen und kaue das Essen gründlich.
Trinke langsam.
Reiche anderen, was sie brauchen.
Sitz gerade am Tisch.
Nimm kein Konfekt und kein Obst vom Tisch mit.«

Zitat: Emma Gad

Man muss einfach lächeln, denn einige Ratschläge sind etwas altmodisch und lustig. Aber: Andere sind immer noch ziemlich aktuell und relevant.

KAPITEL 6

Rezepte: 12 Monate+

- Das Kind isst jetzt das Essen, das auch der Rest der Familie isst.
- Das Kind nimmt jetzt bis zu 5–6 Mahlzeiten pro Tag (siehe Seite 42) zu sich.
- Das Essen wird immer noch in kleine mundgerechte Stücke geschnitten, die das Kind mit dem Löffel, der Gabel oder den Händen verzehren kann, um ein Verschlucken zu vermeiden (siehe Seite 43).
- Das Baby benötigt kein zusätzliches Fett in der Nahrung.
- Dem Baby kann jetzt Milch aus der Tasse angeboten werden und es kann weiterhin Wasser aus der Tasse trinken (siehe Seite 43).
- Das Kind kann jetzt mit dem Löffel essen und übt das Essen mit der Gabel.
- Das Kind probiert weiterhin viele verschiedene Lebensmittel.

Rezepte

Haferbrötchen mit Banane

WINTER – FRÜHLING – SOMMER – HERBST

10–20 mittelgroße Brötchen

Die Brötchen mit Bananenpüree haben eine schöne Süße und lassen sich hervorragend lauwarm mit etwas Butter essen.

25 g Hefe • 200 g Haferflocken • 3 reife Bananen • 400 g Weizenmehl Type 405

Den Backofen auf 200 °C vorheizen.
Die Hefe in 400 ml lauwarmem Wasser auflösen. Die Haferflocken hinzufügen und einige Minuten in der Flüssigkeit einweichen lassen. Die Bananen schälen, mit einem Stabmixer zerkleinern und hinzufügen. Nach und nach das Weizenmehl hinzufügen und alles mit einem Löffel zu einem Teig rühren, dessen Konsistenz fest, aber immer noch klebrig ist. Den Brötchenteig zugedeckt an einem warmen Ort 30–40 Minuten gehen lassen, bis er sein Volumen verdoppelt hat. Dann mit zwei Löffeln 10–20 Portionen vom Teig abstechen, zu Brötchen formen und diese mit Wasser bestreichen. Die Brötchen 10 Minuten ruhen lassen und dann im vorgeheizten Backofen etwa 20 Minuten backen.

Die Brötchen lauwarm servieren, etwa mit ungesalzener Butter, und den Rest einfrieren, damit immer ein kleiner Snack im Tiefkühlschrank bereitsteht. Oder Sie nehmen die Brötchen zu einem Ausflug mit.

To Go

Omelett

WINTER – FRÜHLING – SOMMER – HERBST

4 Personen (2 Erwachsene und 2 Kinder)

Omeletts sind einfach und schnell gemacht und obendrein noch gesund. Und sie können kalt für unterwegs mitgenommen werden, sodass das Baby kleine Stücke davon abbeißen kann. Hier wird das Omelett mit Lauch und Zucchini zubereitet, aber auch anderes Gemüse wie Tomaten und Karotten schmeckt hervorragend darin.

6 Eier • ¼ Zucchini • ½ Stange Lauch • 1 EL Rapsöl • Butter zum Einfetten

Die Eier in einer Schüssel verquirlen. Die Zucchini waschen und auf einer Reibe fein reiben. Den Lauch waschen, der Länge nach in 4 lange Stücke schneiden, erneut waschen und die Stücke in feine Scheiben schneiden. Das Gemüse und das Öl in die Eimasse geben und alles gut verrühren. Die Masse in eine gefettete gusseiserne Pfanne oder in eine Auflaufform gießen und das Omelett im Backofen bei 175 °C etwa 20 Minuten backen oder bis das Omelett auch in der Mitte ganz durchgegart ist. Das Omelett herausnehmen und vor dem Aufschneiden etwas ruhen lassen.

To Go

Fischstäbchen mit Erbsendip

WINTER – FRÜHLING – SOMMER – HERBST

4 Personen (2 Erwachsene und 2 Kinder)

Fischstäbchen sind super als kleines Fingerfood. Sie sind außerdem gesund, knusprig, können unterwegs gegessen sowie eingefroren werden. Kabeljau hat an sich nicht viel Geschmack und kann daher für Kinder etwas langweilig sein. Machen Sie ihn deshalb mit Gewürzen und ein wenig Salz etwas interessanter.

FISCHSTÄBCHEN

200 g Kabeljau • Salz • 60 g Weizenmehl Type 405 • ½ TL getrocknete Gewürze (Knoblauchpulver, Thymian oder Cayennepfeffer) • 1 Ei • 150 g Paniermehl 100 ml neutrales Öl (z. B. Traubenkern- oder Rapsöl)

DIP

½ Apfel • 80 g Erbsen • 3 EL frische Minze • 200 g Joghurt • 1 TL Senf ¼ TL frisch gemahlener Pfeffer

Für die Fischstäbchen den Kabeljau in längliche Stücke von ca. 2 x 8 cm schneiden und jedes Stück mit 1 Msp. Salz bestreuen. Es verstärkt den Fischgeschmack und macht die Stücke fester, damit sie leichter gebraten werden können, ohne auseinanderzufallen. Das Mehl und die Gewürze auf einem Teller vermischen. Die Eier in einem zweiten Teller verquirlen und das Paniermehl in einen dritten geben. Die Fischstücke zuerst in der Mehlmischung, dann im Ei und zuletzt im Paniermehl wenden. Die Fischstäbchen auf Backpapier verteilen und vorsichtig mit dem Öl bestreichen. Im Backofen bei 220 °C etwa 10 Minuten backen oder bis sie goldgelb sind.

Für den Dip den Apfel schälen, entkernen und zusammen mit den übrigen Zutaten mit einem Stabmixer zu einem Dip mixen.

Die Fischstäbchen mit dem Dip servieren.

To Go

Grüne Suppe mit Kokosmilch

WINTER – FRÜHLING – SOMMER – HERBST

4 Personen (2 Erwachsene und 2 Kinder)

Eine nahrhafte Suppe für die ganze Familie. Die Suppe eignet sich außerdem sehr gut für das, Kleinkind, um das Selberessen mit dem Löffel zu üben. Denn durch ihre cremige und püreeartige Konsistenz kann sie nicht so leicht vom Löffel laufen und verschüttet werden.

2 Zwiebeln • Pflanzenöl zum Braten • 1 Knoblauchzehe • 1 Brokkoli • 1 Blumenkohl
8 Kartoffeln • 400 ml Kokosmilch • etwas Zitronensaft • 2 Äpfel

Die Zwiebel abziehen, fein hacken und in etwas Öl in einem schweren Topf anbraten. Den Knoblauch abziehen und ebenfalls fein hacken oder durchpressen. Hinzufügen und alles weitere 2 Minuten anbraten.
Den Brokkoli und Blumenkohl waschen und in Röschen teilen, den Brokkolistrunk schälen und klein würfeln. Brokkoli und Blumenkohl in den Topf geben. Die Kartoffeln waschen, schälen, klein würfeln und ebenfalls hinzufügen.
Die Kokosmilch und den Zitronensaft angießen. Dann so viel Wasser zugeben, bis das Gemüse mit Flüssigkeit bedeckt ist. Die Suppe zugedeckt 10–15 Minuten kochen, bis das Gemüse weich ist.
Die Äpfel waschen, schälen, entkernen, klein würfeln und in etwas Zitronensaft wenden.
Die Suppe zu einer cremigen Konsistenz mixen. Eine kleine Portion abnehmen und die übrige Suppe für den Rest der Familie etwas verdünnen. Die Suppe mit den Apfelwürfeln bestreuen und warm servieren.

To Go

Hackfleisch in Filoteig

WINTER – FRÜHLING – SOMMER – HERBST

20–30 Stück

Leckeres handliches Fingerfood, bei dem Sie die Füllung einfach anpassen können, je nachdem, was gerade weg muss. Es lässt sich auch gut einfrieren.

200 g oder 1 Päckchen TK-Filoteig • 2 Karotten • 2 Zwiebeln
Pflanzenöl zum Braten • 500 g Kalb- und Schweinehackfleisch • 150 g Feta • 2 Eier

Den Filoteig nach Packungsanweisung auftauen. Die Karotten waschen, schälen und die Zwiebeln abziehen. Zwiebeln und Karotten auf einer Reibe fein reiben und beides in Öl in einer Pfanne braten, bis die Zwiebeln goldgelb sind. Dann mit dem Fleisch, dem Feta und einem Ei in einer Schüssel vermengen. Die Masse 30 Minuten im Kühlschrank ruhen lassen.
Den Backofen auf 200 °C vorheizen.
Den Filoteig in ca. 10 x 15 cm große Stücke schneiden. Das zweite Ei verquirlen. Jedes Teigstück auf einer Hälfte mit etwas Ei bestreichen und je 1 kleinen EL Hackfleisch daraufgeben. Dann die andere Hälfte des Teigstücks über die Hackfleischfüllung klappen und den Teig zu einer Rolle oder einem Dreieck formen. Eventuell die Füllung mit mehreren Schichten Filoteig bedecken und jede Schicht mit etwas Öl bestreichen. Zuletzt die fertige Teigtasche rundum mit Ei bestreichen.
Die Teigtaschen im vorgeheizten Ofen etwa 10 Minuten backen, wenden und 10 Minuten auf der anderen Seite backen.

Mini-Tartelettes mit Lauch und Zwiebeln

WINTER – FRÜHLING – SOMMER – HERBST

8–10 Mini-Tartelettes oder 1 große Tarte

Eine kleine Mahlzeit, die das Kind selbstständig knabbern kann. Die Tartelettes sind reich an Nährstoffen. Zudem stärkt es die Feinmotorik, wenn das Kind das Gebäck selbst in die Hand nimmt. Die Tartelette gibt dem Kind auch ein Gefühl für verschiedene Texturen in einem Gericht: der knusprige und weiche Tarteboden und die cremige Konsistenz der Füllung.

TEIG

80 g kalte Butter • 150 g Weizenmehl Type 405

FÜLLUNG

2 Zwiebeln • 2 Stangen Lauch • Butter oder Öl zum Braten und für die Form
4 Eier • 50 ml Milch • 2–3 Stängel frischer Majoran

Den Backofen auf 180 °C (Umluft) vorheizen. Für den Teig die Butter im Mehl zerbröseln. Dann beides mit 3 EL Wasser zu einem Teig vermengen. Den Teig während der Zubereitung der Füllung ruhen lassen.

Für die Füllung die Zwiebeln abziehen und fein hacken. Die Lauchstangen waschen, von den Enden befreien, der Länge nach vierteln, erneut waschen und fein hacken. Zwiebeln und Lauch in Fett in einer Pfanne braten, bis die Zwiebeln goldgelb sind. Die Eier in einer Schüssel verquirlen und die Milch hinzufügen. Den Majoran waschen, trockentupfen und die Blätter abzupfen. Zwiebeln, Lauch und Majoranblätter mit in die Schüssel geben und alles zu einer Füllmasse vermengen.

Den Teig mit einem Nudelholz ausrollen und in 8–10 Portionen in gefettete Tartelletteförmchen oder in eine große gefettete Tarteform drücken. Den Teig mit einer Gabel einstechen und im vorgeheizten Ofen etwa 10 Minuten vorbacken. Anschließend die Füllung auf dem Teig verteilen und die Tartelettes bzw. Tarte weitere 30–40 Minuten backen. Mittels Stäbchenprobe prüfen, ob sie durch sind. Bleibt noch Füllmasse am Stäbchen kleben, noch weiter backen. Die Tarte bzw. die Tartelettes kalt oder warm genießen.

Das Kind ist jetzt groß genug, um sein eigenes kleines Tartelette zu bekommen.

Gemüsefrikadellen mit Bohnen

WINTER – FRÜHLING – SOMMER – HERBST

20–30 kleine Frikadellen

Leckere und nahrhafte Gemüsefrikadellen, die sich hervorragend als Snack oder Beilage zum Brei eignen. Sie lassen sich auch gut einfrieren. Wenn das Kind gerade erst mit dem Essen begonnen hat, braucht es nur eine kleine Portion. Daher die Frikadellen am besten einzeln einfrieren, damit sie sich dafür leicht herausnehmen lassen. Später kann man größere Familien-Portionen einfrieren.

1 Karotte • 1 Paprikaschote • 1 Zwiebel • 1 Knoblauchzehe • 200 g gekochte Kidneybohnen • 50 g zarte Haferflocken (oder Paniermehl) • 2 Eier Pflanzenöl zum Braten • Butter zum Braten

Die Karotte und die Paprika waschen. Die Zwiebel und den Knoblauch abziehen. Zwiebel, Knoblauch und Karotte auf einer Reibe fein reiben. Die Paprika entkernen und fein schneiden. Die Bohnen in einem Sieb mit Wasser abspülen. Dann mit einer Gabel zerdrücken und mit dem Gemüse mischen. Zuletzt die Haferflocken und die Eier unter die Gemüsemasse mengen. Aus der Masse kleine Bällchen formen. Öl und Butter in einer Pfanne erhitzen und die Frikadellen darin bei mittlerer Temperatur auf jeder Seite etwa 5 Minuten braten.

To Go

Pfannkuchen mit Vanille und Erdbeer-Holunderblüten-Konfitüre

WINTER – FRÜHLING – SOMMER – HERBST

Etwa 20 Pfannkuchen

Dieses Rezept ist ein echter Klassiker. Für ein älteres Kind gibt es doch nichts Schöneres, als beim Ausbacken dabei sein zu dürfen – und vor lauter Ungeduld einen Pfannkuchen sofort essen zu dürfen, wenn er aus der Pfanne kommt.

PFANNKUCHEN

250 g Weizenmehl Type 405 • 1 EL Zucker • 1 EL gemahlene Vanille (oder 1 EL frisch ausgekratztes Mark einer Vanilleschote) • ½ TL gemahlener Kardamom • 3 Eier • 600 ml Milch • Butter zum Braten

Alle trockenen Zutaten in einer Schüssel mischen. Die Eier und die Milch nach und nach unter Rühren hinzufügen und alles zu einem Teig vermengen. Den Teig 10 Minuten ruhen lassen. Butter in der Pfanne erhitzen, eine kleine Kelle Teig in der Pfanne verteilen und bei mittlerer Temperatur zu einem Pfannkuchen ausbacken. So aus dem restlichen Teig weitere Pfannkuchen ausbacken und dabei immer wieder Butter in die Pfanne geben.

KONFITÜRE

300 g Erdbeeren • 4 Holunderblütendolden (können weggelassen werden, wenn gerade keine Saison ist) • ½ Vanilleschote • 150 g Zucker 2 Scheiben einer unbehandelten Zitrone

Ein Schraubglas mit Deckel 5 Minuten in kochendem Wasser sterilisieren.
Die Erdbeeren waschen und die Stielansätze entfernen. Die kleinen weißen Holunderblüten von den Dolden streifen und in eine Schüssel geben. Die Vanilleschote aufschneiden, das Mark mit einem Messer herauskratzen und mit dem Zucker mischen. Den Vanillezucker zusammen mit den Erdbeeren und Zitronenscheiben in einen Topf geben und die Hälfte der Holunderblüten hinzufügen. 10–15 Minuten kochen lassen, bis sich der Zucker vollständig aufgelöst hat und die Konfitüre etwas dicker wird. Vom Herd nehmen und 10 Minuten abkühlen lassen. Zuletzt den Rest der Holunderblüten hinzufügen. Die Konfitüre in das Schraubglas füllen und fest verschließen.

Gekochte Maiskolben

WINTER – FRÜHLING – SOMMER – HERBST

1 Portion

Wenn Ihr Kind jetzt richtig sitzen und mit beiden Händen essen kann, sind Maiskolben ein guter Snack, wenn sie Saison haben. Das Kind kann im Stuhl sitzen und den Maiskolben genießen.

1 Maiskolben • weiche Butter zum Servieren

Den Maiskolben in kochendes Wasser legen und in 12–15 Minuten gar kochen. Anschließend mit kaltem Wasser etwas abkühlen. Den Mais warm servieren und etwas Butter separat dazu reichen. Das Kind kann den Mais selbst in die Butter tauchen.

To Go

Smoothie-Eis

WINTER – FRÜHLING – SOMMER – HERBST

6 Portionen Eis

Dieses Eis ist nahrhaft und sehr beliebt bei den Kleinen. Und es ist viel gesünder als das Eis vom Kiosk.

4 reife Bananen • 300 g Erdbeeren • 200 g Dickmilch, Joghurt oder ein anderes Sauermilchprodukt • etwas gemahlene Vanille

Die Bananen schälen. Die Erdbeeren waschen und die Stielansätze entfernen. Die Früchte mit den restlichen Zutaten in einen Mixer geben und alles cremig mixen. In Eisformen füllen und im Tiefkühlschrank gefrieren lassen.

Sie können auch TK-Beeren verwenden, diese müssen dann aber 1 Minute gekocht werden, damit alle eventuellen gesundheitsschädlichen Keime abgetötet werden (siehe unter *Gefrorene Beeren* im Baby-Lexikon, Seite 178).

Rote-Grütze-Getränk mit Milch

WINTER – FRÜHLING – SOMMER – HERBST

3 Gläser

Rote Grütze ist der Geschmack des Sommers, aber für viele Kinder ist sie zu sauer und scharf. Hier haben wir sie daher in ein Getränk mit Milch und Vanille abgewandelt. Das mildert den Geschmack und die sensorischen Eindrücke ein wenig ab.

1 Handvoll schwarze Johannisbeeren • 1 Handvoll Himbeeren oder Erdbeeren • 1 Handvoll rote Johannisbeeren • ½ TL gemahlene Vanille 1 TL Maisstärke • 500 ml Vollmilch

Die Beeren waschen und trockentupfen, ggf. Stielansätze entfernen. Die Beeren mit etwas Wasser und gemahlener Vanille in einem Topf aufkochen. Einige Minuten köcheln lassen, dann den Saft in eine Schüssel abseihen, dabei die Beerenreste gut ausdrücken. Den Saft zurück in den Topf gießen, wieder aufkochen und einige Minuten köcheln lassen. 100 ml Wasser abmessen. Die Maisstärke in ein wenig von dem Wasser einrühren, den Rest des Wassers unter Rühren hinzufügen, sodass sich keine Klümpchen bilden. Die Stärke-Mischung unter den Saft rühren und beides zusammen nochmals aufkochen lassen. Den Saft in eine Flasche oder ein anderes Gefäß umfüllen und kühl stellen.

Zum Servieren den Saft und die Milch im Verhältnis 1:1 in ein Glas geben. Zuerst den Saft eingießen und dann die Milch vorsichtig daraufgeben, sodass sie sich auf dem Saft absetzt. Zuletzt einen Strohhalm in das Glas stecken und das Kind Milch und Saft selbst zu einem schönen Getränk mischen lassen.

Asia-Fischfrikadellen mit Kartoffelspalten und Krautsalat

WINTER – FRÜHLING – SOMMER – HERBST

4 Personen (2 Erwachsene und 2 Kinder)

Dieses Gericht fordert mit den scharfen Chilis und dem Koriander den Geschmackssinn des Kindes heraus. Testen Sie zunächst die Chilischärfe – das Kind sollte nicht abgeschreckt werden.

KRAUTSALAT
1 Spitzkohl • 1 Apfel • 100 ml Olivenöl • 1 EL Apfel-Cidre-Essig 1 TL Zucker • Salz • frisch gemahlener Pfeffer

KARTOFFELSPALTEN
500 g Kartoffeln • 100 ml Olivenöl

FISCHFRIKADELLEN
500 g Kabeljau-Farce • 150 g Kokosmehl • 1 gute Handvoll gehackter Koriander • 1 EL fein gehackte milde Chilischote • 2 Handvoll gehackte Garnelen (können durch andere Meeresfrüchte, wie Krabben, Krebse oder Hummer, ersetzt werden) • ungesalzene Butter zum Braten

Den Backofen auf 200 °C (Umluft) vorheizen.
Für den Krautsalat den Spitzkohl waschen, in feine Streifen schneiden oder mit einer Reibe oder einem Gemüsehobel zerkleinern. Den Apfel waschen, entkernen und in dünne Spalten schneiden. Öl, Essig und Zucker zu einem Dressing mischen und mit Salz und Pfeffer abschmecken. Das Dressing unter den Spitzkohl heben und alles leicht zerdrücken, sodass der Kohl etwas zusammenfällt. Den Salat beiseitestellen. >

Für die Kartoffelspalten die Kartoffeln waschen und nach Belieben schälen, in Spalten schneiden und gründlich im Öl wenden. Die Spalten im vorgeheizten Backofen 20 Minuten backen, dabei kurz bevor die Kartoffeln anfangen, braun zu werden, einige davon herausnehmen, damit das Baby später ganz weiche Kartoffeln ohne Kruste bekommt.
Inzwischen für die Fischfrikadellen die Kabeljau-Farce mit dem Kokosmehl, dem Koriander, der fein gehackten Chilischote und den Garnelen vermischen. Aus der Masse Frikadellen formen. Butter in einer Pfanne erhitzen und die Frikadellen darin auf beiden Seiten in insgesamt etwa 10 Minuten fertig braten.

FÜR DAS KIND

6–8 Monate: Lösen Sie das Innere der Fischfrikadellen aus. Zerdrücken Sie Kartoffeln zu einer cremigen, geschmeidigen Masse und fügen Sie bei Bedarf etwas Wasser und 1 TL Fett hinzu. Hat Ihr Baby gerade angefangen zu essen, servieren Sie nur das mit einer Gabel zerdrückte Innere der Kartoffeln, eventuell mit etwas Wasser und Fett. Als Dessert: ein kleiner geschälter und geriebener Apfel.

9–12 Monate: Servieren Sie die Fischfrikadellen und Kartoffeln in kleinen, mundgerechten Stücken und geben Sie etwas ungesalzene Butter über die Kartoffeln. Als Dessert: ein kleiner geschälter und in Stäbchen geschnittener Apfel.

1 Jahr+: Servieren Sie die Fischfrikadellen und Kartoffeln in kleinen Stücken und geben Sie etwas ungesalzene Butter über die Kartoffeln. Als Dessert: ein kleiner in Stäbchen geschnittener Apfel.

Fleischbällchen in Currysauce

WINTER – FRÜHLING – SOMMER – HERBST

4 Personen (2 Erwachsene und 2 Kinder)

Ein echter Klassiker, der nie aus der Mode kommt und in jedem Alter schmeckt.

4 Zwiebeln • 2 Knoblauchzehen • 500 g gemischtes Hack aus Kalb- und Schweinefleisch • 1 Ei • 10 EL Weizenmehl Type 405 • 300 ml Vollmilch 1 EL Madras-Currypulver • Pflanzenöl zum Braten • 25 g Butter • 200 g Reis 300 ml Hühnerbrühe • 400 ml Kokosmilch • 2 Äpfel

Die Zwiebeln und den Knoblauch abziehen und fein reiben. Das Hackfleisch mit dem Ei, 5 EL Mehl, der Milch sowie der Hälfte der Zwiebeln und des Knoblauchs mischen und für 30 Minuten in den Kühlschrank stellen. Das Currypulver in einer Pfanne ohne Fett rösten, bis es duftet. Etwas Öl hinzufügen und den Rest der Zwiebeln und des Knoblauchs einige Minuten darin mitbraten. Die Butter und das übrige Mehl in einer Pfanne zu einer Mehlschwitze bräunen. Die Hühnerbrühe angießen und unter ständigem Rühren mit dem Schneebesen aufkochen. Die Currymischung einrühren. Den Reis nach Packungsanweisung gar kochen. Aus der Hackfleischmasse kleine Bällchen formen und in der Sauce 15 Minuten köcheln lassen. Die Kokosmilch unter Rühren hinzufügen. Den Reis mit den Fleischbällchen in der Currysauce anrichten. Zuletzt die Äpfel waschen, entkernen, in Streifen schneiden und über das Gericht streuen.

FÜR DAS KIND

6–8 Monate: Zerdrücken Sie die Fleischbällchen mit der Currysauce und dem Reis zu einer Art Brei und geben Sie 1 TL Fett dazu.

9–12 Monate: Schneiden Sie die Fleischbällchen klein, servieren Sie den Reis mit Currysauce und geben Sie 1 TL Fett dazu. Reichen Sie die Äpfel geschält und in Spalten geschnitten dazu.

1 Jahr+: Schneiden Sie die Fleischbällchen klein und servieren Sie dazu den Reis mit Currysauce.

Daal mit frisch gebackenem Chapati-Brot

WINTER – FRÜHLING – SOMMER – HERBST

4 Personen (2 Erwachsene und 2 Kinder)

Ein gesundes Gericht, das an kalten Winterabenden nach einem Tag an der frischen Luft gleich noch mal so köstlich ist.
Daal ist ursprünglich ein indisches Lebensmittel mit einem hohen Nährstoffgehalt. Aufgrund des hohen Linsenanteils ist es besonders proteinreich und zudem mit gesunden Gewürzen abgeschmeckt, die den Geschmackssinn Ihres Kindes herausfordern. Das lauwarme Chapati-Brot ist die perfekte Beilage für kleine Kinder, um damit die Sauce des Daal aufzutunken.

DAAL

1 Zwiebel • 3 Knoblauchzehen • Olivenöl zum Braten • 1 EL frisch geriebener Ingwer ½ TL Kreuzkümmel • ½ TL gemahlener Kardamom • ½ TL gemahlener Koriander 1 TL gemahlene Kurkuma • 3 TL mildes Currypulver • 200 g rote Linsen • 2 Dosen stückige Tomaten (1 Dose kann durch Kokosmilch ersetzt werden) • 500 ml Gemüsebrühe • 3 Karotten • gehackter Koriander zum Bestreuen

CHAPATI-BROT

200 g Vollkornweizenmehl + mehr zum Arbeiten • ½ TL Salz 2 EL neutrales Öl (wie Traubenkern- oder Rapsöl) • 20 g Butter

Für das Daal die Zwiebel abziehen und reiben. Den Knoblauch ebenfalls abziehen und reiben oder durchpressen. Öl in einem schweren Topf erhitzen und den Ingwer und die Zwiebel darin einige Minuten anschwitzen. Den Knoblauch hinzufügen und einige Minuten mitbraten. Anschließend den Topf beiseitestellen. Die Gewürze in einer Schüssel mischen und in einer heißen Pfanne in Öl anschwitzen. Dann ebenso beiseitestellen. Die Linsen gründlich abspülen und in einen Topf geben. Die stückigen Tomaten und die Gemüsebrühe hinzufügen. >

Die Karotten schälen, klein würfeln und dazugeben. Das Daal 45 Minuten bei niedriger Temperatur zugedeckt köcheln lassen, dabei ab und zu umrühren.
In der Zwischenzeit für das Chapati-Brot Mehl, Salz und Öl vermischen. Dann nach und nach unter Rühren 150 ml Wasser hinzufügen, bis ein glatter und geschmeidiger Teig entstanden ist. Den Teig auf die bemehlten Arbeitsfläche geben und mit einem feuchten Geschirrtuch abgedeckt 20 Minuten ruhen lassen. Anschließend aus dem Teig 4 Kugeln formen und diese flach drücken. Eine Pfanne ohne Fett erhitzen. Die flachen Chapati-Teigstücke einzeln in die Pfanne legen. Häufig wenden und in die Pfanne drücken, bis sie sich leicht aufblähen und braune Flecken auf der Oberfläche bekommen. Dann die Butter in einem kleinen Topf schmelzen und die warmen Brote mit der geschmolzenen Butter bestreichen. Das warme Daal mit Koriander bestreuen und mit dem frisch gebackenen Chapati-Brot servieren.

Wenn Sie nicht alle Gewürze da haben, schmeckt das Gericht auch nur mit Currypulver und vielleicht etwas gemahlenem Kreuzkümmel und Koriander.

Das Gericht kann ohne Beilage serviert werden, aber Sie können dazu auch Reis reichen.

Geben Sie eventuell etwas Crème fraîche auf Ihr Daal, als schönen Gegensatz zum etwas scharfen Aroma.

FÜR DAS KIND

6–8 Monate: Geben Sie eine kleine Portion Daal in den Mixer und fügen Sie 1 TL Fett hinzu.

9–12 Monate: Das Gericht kann so, wie es ist, mit 1 TL Fett zusätzlich und dem Chapati Brot dazu gegessen werden.

1 Jahr+: Das Gericht kann so, wie es ist, dem Chapati-Brot dazu und eventuell mit einem Klecks Joghurt gegessen werden.

FAMILIENGERICHT

Bei einem Familiengericht können alle das Gleiche essen – im Prinzip. Manche Gerichte müssen ein wenig an das Baby/Kleinkind angepasst werden.

Koteletts mit karamellisierten Zwiebeln, Spargelbrokkoli und Gurkensalat

WINTER – FRÜHLING – SOMMER – HERBST

4 Personen (2 Erwachsene und 2 Kinder)

Ein perfektes Gericht für die ganze Familie. Die Erwachsenen freuen sich über ein gutes und abwechslungsreiches Abendessen, Kinder über 2 Jahre bekommen Fleisch und verschiedene Gemüse, die sie auf unterschiedliche Weise selber halten und essen können. Und die Jüngsten bekommen ein köstliches und sehr sättigendes Püree.

SALAT

2 Salatgurken • 2 EL Apfelessig • Zucker zum Marinieren

KOTELETTS

3 Koteletts • Salz • 2 Knoblauchzehen • 2 Zweige Rosmarin • neutrales Öl (wie Traubenkern- oder Rapsöl) zum Braten •1 EL Butter

KARAMELLISIERTE ZWIEBELN

4–5 Zwiebeln • 1 Zweig Rosmarin • Pflanzenöl zum Braten • 2 EL Zucker

SPARGELBROKKOLI

1 Bund Spargelbrokkoli • neutrales Öl (wie Traubenkern- oder Rapsöl) zum Braten • Salz

Für den Salat die Gurken mit einem Gemüsehobel ultradünn schneiden und die dünnen Scheiben in dem Essig und etwas Zucker marinieren. >

Für die Koteletts das Fleisch für die Erwachsenen auf beiden Seiten salzen. Den Teil der Koteletts, den das Kind essen soll, nicht salzen. Das Fleisch 30 Minuten bei Zimmertemperatur ruhen lassen, damit es nicht zu kalt ist, wenn es in die Pfanne kommt. Das Salz löst zum Teil das Eiweiß aus dem Fleisch, was ihm eine schöne karamellisierte Oberfläche verleiht. Den Knoblauch abziehen und fein hacken oder durchpressen. Den Rosmarin waschen und trockentupfen.
Für die karamellisierten Zwiebeln die Zwiebeln abziehen und in dünne Ringe schneiden. Den Rosmarin waschen, trockentupfen, die Nadeln abzupfen und fein hacken. Öl in einer Pfanne erhitzen und darin den Zucker, den Rosmarin und die Zwiebeln bei niedriger Temperatur anbraten. Wenn die Mischung zu trocken wird, etwas Wasser dazugeben. Die Zwiebeln karamellisieren und braun und cremig werden lassen. Anschließend vom Herd nehmen.

Für den Spargelbrokkoli den Brokkoli waschen, zerkleinern und einen kleinen Teil davon in ungesalzenem Wasser 5 Minuten kochen. Dann abkühlen lassen.

Für das Fleisch eine Pfanne stark erhitzen, da es dann besser gebraten wird. Öl in die Pfanne geben und die Koteletts darin auf jeder Seite 2 Minuten scharf anbraten. Den Knoblauch, die Rosmarinzweige und die Butter dazugeben. Die Koteletts weitere 3–4 Minuten braten. Herausnehmen und 5 Minuten bei Zimmertemperatur ruhen lassen. Sehr dicke Koteletts (mehr als 3 cm dick) stattdessen in eine Auflaufform legen, im Backofen bei 180 °C 5 Minuten warm halten und erst dann erst bei Zimmertemperatur ruhen lassen.
Den restlichen Brokkoli in etwas Öl in derselben heißen Pfanne braten und zuletzt leicht salzen.

FÜR DAS KIND

6–8 Monate: Schneiden Sie die Bratkruste vom Fleisch ab. Das Fleisch mit Zwiebeln und etwas Brokkoli mixen. 1 TL beliebiges Fett hinzufügen.

9–12 Monate: Schneiden Sie die Bratkruste vom Fleisch ab und das Fleisch in kleinere Stücke. Die Zwiebeln und den in kleinere Stücke geschnittenen Brokkoli dazu servieren. Überprüfen Sie, ob die Brokkolistücke weich und durchgegart sind, bevor Sie sie dem Kind servieren. 1 TL beliebiges Fett hinzufügen.

1 Jahr+: Lassen Sie Brokkoli und Zwiebeln so, wie sie sind. Ein Stück Fleisch am Knochen lassen, damit das Kind es abnagen kann.